AF267640

Plan du 1ʳ étage du Château de Sᵗ Leu-Taverny,
où est mort Mᵣ le Prince de Condé.

LETTRES

ANECDOTIQUES ET POLITIQUES

SUR LES DEUX DÉPARTS

DE

LA FAMILLE ROYALE,

EN 1815 ET 1830.

LETTRES

ANECDOTIQUES ET POLITIQUES

SUR LES DEUX DÉPARTS

DE

LA FAMILLE ROYALE,

EN 1815 ET 1830.

PAR M. LAFONT D'AUSSONNE,

AUTEUR DE L'APPEL A L'OPINION PUBLIQUE SUR LA MORT DU PRINCE DE CONDÉ.

Quandiù eris Felix, multos numerabis amicos :
Tempora si fuerint nubila, solus eris.

(OVIDE.)

Du bonheur l'étoile féconde
T'amènera bien des amis.....
Qu'elle s'éclipse : et tes lambris
Verront s'éclipser bien du monde.

A PARIS,

CHEZ LEVAVASSEUR, LIBRAIRE,

PALAIS-ROYAL, GRANDE COUR; ET GALERIE D'ORLÉANS, Nº 13.

1832.

AVANT-PROPOS.

Le bon et modeste Suétone écrivait l'Histoire des Césars long-temps après les jours dont il retraça la peinture. Tacite lui-même parla d'après autrui, et quelquefois répéta des bruits populaires devenus Tradition. Ces deux grands Ecrivains ont eu pour eux leur position, et leur génie : j'ai du moins, pour moi, une pénétration que rien n'abuse, et le triste avantage de raconter, d'après mes yeux.

Le rôle d'un Historien est bien difficile dans les temps d'orage!.... Mais alors, il doit se ressouvenir que les Phares, disposés sur les hauts promontoires des mers, éclairent, au sein des nuits, la vaste scène des naufrages : et que leurs lumières compâtissantes s'adressent aux pilotes, comme aux passagers.

LETTRES

ANECDOTIQUES ET POLITIQUES

SUR LES DEUX DÉPARTS

DE

LA FAMILLE ROYALE,

EN 1815 ET 1830.

~~~~~~

PREMIÈRE PARTIE.

LETTRE PREMIÈRE.

A Madame Fortunée de Blarys, en Suisse.

Paris, 14 février 1815.

MADAME,

Je m'occupais avec plaisir et empressement de vous procurer, entre Boulogne et Meudon, un logement convenable à vos goûts paisibles et à votre santé, lorsque la nouvelle de l'horrible débarquement s'est répandue tout à coup dans la capitale. Nous voilà de nouveau lancés dans la triste carrière des angoisses et des hasards : un
~~~~~~

seul homme, par l'imprévoyance de ses victimes, va de nouveau faire trembler le monde.

On m'assure qu'à la première annonce de ce retour, le Roi a profondément pâli, et même soupiré; mais, reprenant aussitôt sa dissimulation habituelle, il s'est fait la violence de sourire, et il a fait entendre ces mots : *Puisqu'il veut résider en France, nous tâcherons de l'y retenir.*

Au reste, le retour et l'apparition de l'homme turbulent ne me paraissent avoir surpris ici que la multitude et la famille royale. Mais hors du palais, des milliers de gens s'y attendaient. Les uns basaient leur appréhension, sur le caractère entreprenant de l'illustre personnage, et sur les faibles précautions employées contre lui; les autres savaient, à n'en pouvoir douter, que les bureaux du ministère, nullement renouvelés, correspondaient secrètement avec l'île d'Elbe, et poussaient la déférence jusqu'à lui envoyer copie de toutes les opérations.

La veille du mardi-gras, le Roi voulant voir, et se faire voir, sur les boulevards, y est entré par la Madeleine. Il n'a pas tardé à rencontrer le cortége nombreux de Mme *Louis - Bonaparte,* qui, sous le nom de *la reine Hortense,* fait personnage encore dans Paris. Cette reine de circonstance, entourée d'un essaim de jeunes écuyers, a croisé sa calèche avec celle du Monarque, et l'a regardé sans s'incliner. Vous ne douterez assurément point, Madame, de ses rapports immédiats avec l'île d'Elbe ; et l'ironie de sa contenance aurait dû révéler au Roi *malin* ce qui se tramait à ses dépens. Mais, je vous l'ai dit bien des fois, on lui a fait, je ne sais à quel titre, une réputation d'homme spirituel et fin, qu'à mon avis, il ne justifie guère.

Cette lettre va s'empresser de partir, à cause de l'heure ; ma prochaine vous apportera ce que j'apprendrai, en sortant.

Je suis, vous le savez, Madame, votre plus obéissant et dévoué serviteur.

LETTRE DEUXIÈME.

A la Même.

Paris, février 1815.

RIEN n'est versatile et inconstant comme le peuple de Paris. Croiriez-vous bien, Madame, que ces mêmes êtres qui maudissaient, il y a un an, l'*affreux despotisme* de Bonaparte, et le nommaient l'Ogre ou *le mangeur d'hommes*, le nomment aujourd'hui « l'Aigle du monde, l'œil

« du génie et le modèle des souverains! » S'il s'approche, comme tout semble l'indiquer, les jeunes-gens veulent aller à sa rencontre, et c'est à qui retirera de leur poussière croix d'honneur et rubans tricolores, qu'on avait enfouis.

La place du Carrousel est couverte d'une foule sans cesse renaissante, dont tous les yeux se fixent sur le vieux château.

Le Roi, traîné dans son fauteuil roulant, se présente, de demi-heure en demi-heure, sur le grand balcon du milieu, et s'armant, non de courage, mais de patelinage, envoie ses baisers supplians aux spectateurs. Avec un peu d'esprit, il comprendrait l'infériorité de son rôle; et il devrait savoir, lui qui a lu tant d'Histoires, que le peuple ne prête sa force qu'aux âmes plus fortes que lui.

On raconte que le Piémontais Masséna, Gouverneur actuel du Littoral et de la Provence, avait, depuis plusieurs jours, reçu ses instructions et commandemens secrets, du fond de l'île d'Elbe. Aussi, a-t-il mis tous ses soins à favoriser le débarquement, en écartant à propos, la troupe de ligne fidèle. Et puis, on l'a vu paralyser avec persévérance l'élan des populations provençales, qui voulaient aller faire obstacle à l'usurpateur.

Le Roi, à cette occasion, a dit aux grands

personnages, qui se plaignaient amèrement des fautes commises : « J'avais cru pouvoir confier la « surveillance de l'île d'Elbe à ce guerrier, parce « qu'il n'a qu'un œil. » Voulant dire, par-là, que le maréchal, rendu Borgne par la carabine de Bonaparte, devait détester l'empereur. Mais le maréchal, encore plus chrétien que *le Fils aîné de l'Eglise,* a su prouver au Roi que les Héros de révolution pardonnent, et qu'ils tiennent mille fois plus à leurs vieilles liaisons ou engagemens politiques, qu'à un œil de plus ou de moins sous leur front.

Bonaparte, débarqué aux environs de Fréjus, avec un petit nombre de personnes, a vu les Acquéreurs de Biens-Nationaux venir à sa rencontre. Des soldats de sa vieille armée se sont joints à lui. Il se dirige vers Grenoble, dont la garnison lui était dévouée à l'avance ; et nous allons apprendre qu'il y est entré sans coup férir.

Le vieux Roi caresse, plus que jamais, sa Chambre des députés, et sa Chambre des pairs, composées de parties hétérogènes et d'élémens difficiles à rapprocher. La politique insidieuse et jalouse du Maître ne lui ayant point permis de céder la moindre force à ces deux grandes Institutions, il se trouve n'avoir maintenant, auprès de lui, que des *individus,* au lieu de *puis-*

sances : il n'a pour appuis que de faibles et ployans roseaux. Par orgueil et vanité, il s'est occupé de l'obélisque, et non de sa base. Mis sur un terrain encore tout mouvant, l'obélisque s'agite, la base s'affaisse, et vous verrez, Madame, que l'entier monument s'écroulera.

Les riches Anglais, privés de notre France, depuis dix ans, commençaient à abonder sur notre sol et dans la capitale : les maîtres de poste n'ont plus de relais que pour les peureux. Tout s'épouvante; tout s'enfuit. Ces Mylords et Baronets n'ont point oublié la dure captivité de Verdun; et ils se résignent, à qui mieux mieux, aux tristes brouillards de leur patrie.

LETTRE TROISIÈME.

A la Même.

Paris, février 1815.

MADAME.

LE séjour de Bonaparte à l'île d'Elbe n'aurait jamais été qu'une station et un provisoire : Les Agens des puissances, réunis au congrès de Vienne, ont agité la question de savoir s'il ne fallait point se hâter d'envoyer le Soldat-conquérant camper beaucoup plus loin de la terre ferme ; et la Russie a parlé de lui assigner Sainte-Hélène, île des plus escarpées, appartenante aux Anglais. Un faux-frère (et il n'en manque nulle part) a trahi le conclave politique : Bonaparte a su, par une estafette, ce que la diplomatie lui destinait. Ne consultant alors que son péril et l'urgence, il a résolu de tenter de nouveau la fortune, et de venir moissonner nos faibles conscrits.

Afin que le Roi se trouvât isolé, au milieu des nouvelles circonstances, on avait eu soin d'envoyer la duchesse d'Angoulême à Bordeaux, et son Mari sur les bords du Rhône : c'est là que les courriers des Tuileries et les nouvelles de Provence auront trouvé les deux Epoux. Le Roi, qui ne peut les souffrir ni l'un ni l'autre, leur a vîtement écrit les lettres les plus affectueuses, les engageant, s'il était possible, à se réunir promptement à lui.

Je crois qu'absens ou présens, les deux Epoux lui seront parfaitement inutiles. On attribue à la fille infortunée de Marie-Antoinette un caractère vigoureux, qu'elle est bien loin de posséder : cette princesse n'a presque rien de sa mère.

Elle est, quoi qu'en dise la calomnie, l'unique et véritable fille de Louis XVI ; et les grands dangers la trouvent presqu'aussi incertaine et irrésolue que lui. On a voulu prendre pour de la vigueur la demi brusquerie de son caractère, et parce que, de temps en temps, sa voix a un peu de force, on a jugé son vouloir martial. Il n'en est rien. Madame a de la probité, de la simplicité, de la frugalité encore ; mais des vues moyennes, en politique, et une sorte d'obstination et d'entêtement qui ne lui permettra jamais de s'éclairer sur les vrais intérêts des peuples et des Rois. Franche quelquefois jusqu'à la mortification, comme était Louis XVI, elle dit aux gens leurs vérités, et ne distribue les éloges et les complimens qu'avec retenue. Le Roi son oncle l'a envoyée, deux ou trois fois déjà, dans les provinces, afin d'y exciter un enthousiasme populaire ; mais la sensation n'a été que respectueuse. Madame n'est bonne qu'à être estimée, elle n'est pas une princesse à effet.

Monsieur le Duc son Epoux n'est assurément ni brusque, ni impoli, ni sauvage ; mais la nature n'a pas assez fait pour ce prince. Et, aujourd'hui plus que jamais, il nous faudrait, en France, de ces personnages que Mme de Maintenon appelait *bons à montrer.* Les grandes assemblées se laissent prendre par l'oreille : et les peuples de nos contrées par les yeux.

La Cour aurait beaucoup mieux fait, je crois,

de faire voyager le Frère du monarque. Ce prince, dont la jeunesse fut si brillante, conserve encore ces manières distinguées d'une Cour, qu'on ne reverra jamais, et beaucoup de grâces, malgré son âge. Il sourit avec agrément; il parle avec pureté, avec choix, avec élégance : il est galant, sans fadeur; populaire, avec dignité; Et comme son cœur a été pétri pour l'obligeance, il accueille le pauvre peuple, et ne demande qu'à le soulager.

Un prince de ce naturel aurait dû être employé et mis en œuvre; mais la jalousie du Frère n'a jamais voulu y consentir; de manière que, par une sorte d'avarice politique, Louis XVIII s'est privé d'un secours de haute importance et d'un trésor.

LETTRE QUATRIÈME.

A la Même.

Paris, 16 mars 1815.

Vos dames Suisses me paraissent assez - bien informées, Madame, sur les secrets ressorts de l'intrigue actuelle, mais je les crois peu fondées à regarder M. de Talleyrand comme le chevalier secret de l'usurpateur. Il est de Notoriété publique , ici et partout , qu'il l'abandonna dès les premiers revers de ses armes, et que l'ancien prélat, brouillé depuis long-tems avec l'Archevêque son oncle, se remit dans ses bonnes grâces, en 1814, pour l'établir négociateur de réconciliation entre la Famille royale et lui Talleyrand.

Ce fameux Comédien, en stipulant avec Louis XVIII, s'était réservé, me dites-vous, la place perpétuelle de premier-ministre. « Le Roi, « par inimitié secrette et insurmontable, a trouvé « le moyen d'éluder sa promesse, en envoyant « le diplomate, au Congrès. C'est, ajoutez-vous, « à cette royale supercherie que Talleyrand gar- « dait rancune, et pour donner de la tablature « au Monarque, il lui a secrettement suscité l'u- « surpateur. »

Cet acte de vengeance est concevable, Madame, puisque toute horreur est possible en ce monde; mais de quel avantage M. de Talleyrand a-t-il pu se flatter dans un nouvel ordre de choses? L'esprit vindicatif de l'Italien est trop connu de lui, pour qu'une réconciliation, soit admissible : Bonaparte, en se rétablissant sur son piédestal, immolera nécessairement tous ses *transfuges,* et les plus malins, les premiers.

Voilà que le Roi n'ose compter ni sur ses tribunaux, ni sur son armée. Et c'est bien sa faute si les choses tournent contre lui. A force de vouloir ménager le malade, il a laissé subsister la plaie; et ce qu'il y a de plus ridicule, c'est de l'avoir vu s'ériger en politique, et de l'entendre s'en vanter, (qui plus est) dans ses discours actuels.

Le comte d'Artois, le duc de Berry, le duc d'Orléans sont allés au-devant de l'usurpateur, avec le mandat et l'intention de le combattre. L'usurpateur a pour lui les Acquéreurs des biens confisqués et la partialité de son armée : Assurez-vous, Madame, qu'il triomphera.

Le ministre de la guerre Soult, accusé de connivence avec lui, est venu offrir au Roi sa démission; on l'a refusée. Mais, en attendant, on offre son portefeuille au duc de Feltre, qui l'acceptera, beaucoup trop tard, et sans succès.

Le duc de Feltre, ancien ministre de Bonaparte, livra, il y a un an, Marie-Louise à son père. Il fit échouer ainsi la Régence de cette Impératrice, de Jérôme Bonaparte, de Joseph; et il donna le petit Roi de Rome aux Alliés. Sa conduite en cette occasion, devenait une garantie sacrée pour Louis-XVIII : et nul ne méritait sa confiance plus que l'Irlandais converti. Point du tout : Louis-XVIII l'a dédaigné et mis à l'écart, par cela seul apparemment, qu'il avait abandonné Bonaparte : Et il a donné le portefeuille de la guerre à Soult, par cela seul, apparemment, qu'il défendit Bonaparte, jusqu'à l'extrémité. Vous qui aimez les contrastes, Madame, en voilà un, je l'espère : et des mieux conditionnés, si je ne m'abuse.

M. du Fargis m'apprend, à l'instant même, le triste mécompte de nos princes. A Lyon, le maréchal Ney, mis à la tête de nos troupes, s'est élancé au-devant de Bonaparte, et se découvrant avec enthousiasme, l'a proclamé son Empereur. Les soldats, par indécision ou entraînement, se sont jettés dans cette imprudence, et nous voila, encore une fois, les sujets et vassaux du grand Napoléon, abdicateur.

LETTRE CINQUIÈME.

A la Même.

Paris, 2o mars 1815.

La maison que j'ai louée pour vous, Madame, est une des plus agréables de Meudon. On y entre par la route ombragée de *Bellevue;* et l'on m'assure qu'elle dépendait, jadis, du joli château qui porte ce Nom. Puisque, malgré les évènemens, vous persistez à revenir en France, vous aurez, du moins, la satisfaction d'habiter un lieu charmant, d'où l'on découvre Paris lui-même, et qui, par ses voisinages, vous promet toute sorte de facilités. J'y fis transporter, hier, vos instrumens, vos tableaux, vos livres. J'y ai mis un jardinier, intelligent et honnête, qui possède mille bonnes qualités, et dont vous ferez, je n'en doute pas, votre Homme d'Affaires et de Confiance.

Quant à moi, Madame, par toutes les raisons que vous a exposées ma dernière, je ne saurais rester plus long-temps, en ces lieux-ci. Ayant la conviction que la tyrannie de Bonaparte va regagner en précipitation tout ce qu'elle avait perdu par contrainte, je ne veux pas être le témoin de ce nouvel opprobre de ma patrie; et je vais attendre, sur les terres étrangères, que cet affreux ouragan soit passé. Ayant écrit, on dirait que j'écris encore. Et cet Homme, à qui rien ne coûte, aurait, d'ailleurs, mille moyens : ressouvenez-vous de l'infortuné Pédrille, enterré vivant.

Hier, dimanche, vers les onze heures du soir, le feu a pris à l'une des hautes cheminées des Tuileries. De grandes masses de flamèches volaient dans les airs : c'étaient les papiers secondaires du Roi et des princes, qu'on brûlait, en toute hâte, pour les anéantir. En même tems, des valets effarés transportaient hors du château des quantités de caisses et de valises, se dirigeant vers les Écuries du Carrousel, où d'autres valets préparaient les voitures et les fourgons. J'ai vu, en ce moment-là, jusqu'à quel point l'infidélité s'enhardit sous les Princes timides, et combien l'affreux désordre est la conséquence immédiate de la faiblesse d'un Roi.

Le nôtre siégeait encore aux Tuileries, et avait même promis *qu'il n'en sortirait pas,* que, déjà, les satellites de l'usurpateur s'étaient mis en possession des portes. Décorés ostensiblement de leur croix Napoléone, ils parlaient haut et ordonnaient, à côté des sentinelles royales. Et à tous valets voulant sortir, chargés de lourdes caisses ou de cassettes, ils commandaient de déposer. Ces laquais voulaient-ils méconnaître leurs injonctions et passer outre, un coup de sabre appliqué sur les mains, leur faisait échapper la charge, et d'autres sbirres, les accablant d'outrages muets et de blessures, les refoulaient dans le château. C'est ainsi qu'ont été soustraites, sous mes yeux, plusieurs caisses, où l'on disait le vermeil et les diamans. Je me suis introduit alors, plus par affliction que par stratagême ; et j'ai couru avertir le bon M. Hue de ce qui se passait aux guichets. Sa pâleur, que vous connaissez, je crois, Madame, était plus marquée encore. Il a levé les yeux au ciel, m'a serré la main, sans pouvoir proférer une sillabe, et m'a paru comme un homme qui perdrait l'esprit. Peu de tems après, une scène attendrissante a eu lieu dans la chambre du Monarque. Il a cru devoir annoncer à tous les officiers de service que l'approche rapide de Bonaparte le contraignait, LUI, de s'éloigner, « pour épargner au meurtrier du « duc d'Enghién un nouveau crime. »

En disant ces mots, la voix de Louis-XVIII s'est émûe. Plusieurs officiers de la Garde-Nationale ont laissé couler des pleurs ; et tous ont supplié le comte d'Artois de rester au milieu des Parisiens, pour diriger et mettre à profit les bons sentimens de la capitale.

Le prince, touché de ce dévoûment, desirait peut-être y correspondre ; mais son Frère, se laissant aller à son incurable jalousie, a répliqué, d'une voix ferme, que la place de l'Héritier du Trône était toujours auprès du Roi.

Adieu, Madame. Je ne tarderai pas à dater mes lettres, du milieu des champs.

LETTRE SIXIÈME.

A la même.

Rouen, le jeudi 24 mars 1815.

La Famille Royale quitta les Tuileries, lundi, vers les deux heures du matin, sous les yeux d'une multitude de personnes, soit de la Garde-Nationale, soit des maisons voisines, que l'appréhension de ce départ avait tenues sur pied. En un même instant, l'on vit sortir du Château six grandes voitures dorées, parfaitement égales, et attelées de huit chevaux magnifiques. Les stores étaient baissés. Toutes laissaient voir, à leurs mouvemens, qu'elles étaient pleinement chargées, et nulle n'indiquait la moindre différence, ni supériorité. De la grande place du Carrousel, choisie comme point de réunion, elles se séparèrent, au signal donné : Allant et se dirigeant vers des routes diverses.

Cette précaution, imaginée par le vieux Roi, laissa tous les observateurs dans l'incertitude ; de manière, qu'au grand jour venu, mille supputations se répandirent dans la capitale. Les uns déclaraient le Roi parti pour l'Angleterre, les autres pour l'Allemagne, les autres pour la Vendée; les autres l'envoyaient seulement à Bordeaux.

A midi, le lundi 2*I*, je traversais le jardin des Tuileries, où les groupes me parurent moins nombreux que la veille : Et je vis distinctement qu'au premier étage du palais, les tapissiers et gens de service ajustaient et remeublaient déjà la grande chambre du Roi. C'était pour l'EMPEREUR, lui-même, dont les aides-de-camp, ou officiers d'ordonnance, se montraient déjà dans Paris, en attendant l'Apparition.

N'ayant plus rien qui dût me retenir en cette ville de conquête, où l'auteur de tant de calamités allait régner, je jetai, moi-même, à la boîte, mes dernières lettres d'Adieu, et je sortis, par la barrière de l'Etoile, à deux heures justes, après midi.

N'ayant pardevers moi ni carte de sûreté, ni passe port, ma position ne laissait pas d'être embarrassante : Je m'en occupai faiblement.

Nous avions, dans notre voiture, une assez jeune femme, qui, prenant la conversation pour elle seule, et le sérieux de toutes les physionomies pour rien, se mit à débiter sur Napoléon tout ce que lui suggérait son enthousiasme. « Les « appartemens des Tuileries se sont trouvés, dit-

« elle, dans un état de saleté horrible. La pous-
« sière y couvrait les meubles; on voyait des ta-
« ches et de l'éraillure partout. » Notre cocher
répliqua vivement : *Je n'ai pas de peine à le
croire : Le Roi avait mis là, de préference, tous
les anciens valets de Napoléon.* Cette réponse
déconcerta momentanément la causeuse. Mais
elle ne tarda pas à nous apprendre *que la Sainte-
Alliance allait danser.* A ce mot, le cocher sus-
pendit sa marche, descendit de son siége, et prenant la jeune femme dans ses bras, la transporta
gracieusement sur le bord de la route : Puis, reprenant sa place, sur le devant de sa voiture al-
légée, il fouetta ses chevaux, et nous conduisit
assez vite à Saint-Germain.

Là, voulant nous expliquer sa boutade, il nous
apprit qu'il était le plus jeune de sept frères,
estropiés ou mangés par Napoléon.

Une sorte de voix intérieure m'engageait à me
présenter à la mairie du lieu, car à la grande activité des gendarmes, circulant déjà sur les routes, il était facile de comprendre qu'on ne pourrait guère avancer sans passe-port. Un homme du
peuple que je questionnai, me répondit, par malheur, que « M. le maire de Saint-Germain était
« *un propre cousin de l'impératrice Joséphine.* »
Sur cet avis officieux, je m'empressai de quitter

la ville, et je fis une grande faute : Car j'appris, le soir même, d'une autre personne voyageuse, que le maire de Saint-Germain, chevalier de Saint-Louis, et le plus honnête homme du monde, avait délivré des passe-ports, avec intérêt et bienveillance, à tous ceux qui fuyaient son cruel parent.

Faute de voitures pour Poissy, je cheminais, seul et dans les ténèbres, au milieu de la forêt de Saint-Germain : Une manière de grand fourgon, qui venait rondement après moi, s'arrêta brusquement à ma portée, et plusieurs voix me demandèrent ensemble si je savais par où avait pris la Famille Royale. Je m'approchai ; je crus distinguer l'uniforme des Gardes ; et alors, je répondis que, sur la route, on croyait le Roi, à Evreux. « Allez-vous sur cette ligne ? me dit un de ces messieurs. — C'est là mon intention, » lui répliquai-je : Et aussitôt, on m'engagea à prendre place dans la voiture, afin de pouvoir causer, sans perdre de tems.

A Mantes, les six gardes du corps (qui n'avaient fermé l'œil depuis soixante et douze heures) prirent un repas dans la cuisine désordonnée, et se couchèrent de suite, presqu'habillés. Dès le point du jour, je les entendis qui donnaient leurs commandemens. Ils entr'ouvrirent la porte de ma chambre, pour me donner, à leur tour, les nouvelles positives. « Le Roi, laissant la Nor- « mandie, au-dessus de Meulan, avait pris par « Beauvais : Ils allaient le rejoindre. » Nous nous souhaitâmes alors bon voyage; et j'entendis leur fourgon, qui partait.

De six qu'ils étaient en arrivant, ils n'étaient plus que cinq, en laissant l'auberge de Mantes. M. *** leur camarade, fils d'un riche fabricant de Louviers, s'était plaint assez vivement de ce qu'il appelait « son imprudence. » *Vous êtes nobles, vous, Messieurs,* leur dit-il, pendant que nous cheminions, au sein de la forêt. *Je n'ai aucun intérêt, moi, à défendre la famille des Bourbons. Tout bien examiné, je vous laisse à vos aventures, et je retourne chez mes parens.*

Il tint parole. Et quelques heures après le départ de ses généreux camarades, il se dirigea, lui, sur Louviers.

Une petite cariole, non suspendue, consentait à me donner place jusqu'à Evreux. Mais la dureté de l'Homme qui revient s'infiltre déjà dans toutes les âmes : En me voyant sans passe-port, on me repoussa.

Au-dessus de Rosny, je remarquai, dans la colline qui se présente, un chemin presque aussi étroit qu'un sentier. Par sa direction, il ne pouvait qu'abréger ma route : Il l'abrégea beaucoup, en effet; mardi, je suis entré, bien las, dans la jolie petite ville d'Evreux, où j'espérais trouver M. de Semanville. Mais ce riche propriétaire s'était effrayé de son emploi, vu les circonstances; et il avait abandonné sa Mairie, dès le matin. Me voilà encore *vagabond* et sans passeport. Un de mes amis, homme de bien mais timide, me donna l'hospitalité, en tremblant; et, après m'avoir raconté les excès des *volontaires de Caen,* survenus dans leur ville naguère si paisible, il me supplia de me remettre en route, dès le lendemain, avant le jour.

Je compâtis à ses frayeurs; et ne lui en gardai pas moins de reconnaissance.

Prenant par des sentiers inaperçus, je me dirigeai, hier, dès le grand matin, sur la faible ville de Louviers, où j'obtins un passe-port *de sept à huit lieues.* Enfin, j'arrivai à Rouen, où je trouvai tout sens dessus dessous.

Ils se sont battus, la nuit, dans mon auberge. Ils se sont battus, ce matin, sur les places publiques. Hélas! Madame, on a moins de douleur à quitter sa patrie, quand on a la triste certitude d'y laisser, après une si longue révolution, des partisans aussi déclarés de toutes les iniquités possibles.

Adieu, Madame; cette lettre me paraît, à moi, un peu longue ; mais j'obéis à votre dernière, qui me recommandait les détails.

~~~~~~

LETTRE SEPTIÈME.

A la Même.

Rouen, le 25 mars 1815.

Aujourd'hui, Madame, j'ai voulu voir, puisque le temps m'en était laissé, notre capitale de Normandie, où siégeait, il y a vingt-cinq années, un Parlement : C'est à dire une Haute Cour de magistrature, composée des premières familles de la province : Une Autorité noblement Monarchique, dont la mission était d'éclairer respectueusement le Souverain sur les besoins de son peuple, et de retenir puissamment les peuples dans le respect des lois et du Souverain.

Si le Roi Louis-XVIII, écoutant un peu moins son esprit d'indépendance absolue et ses vieilles rancunes de jeunesse, avait, il y a neuf mois, rendu les Parlemens à la France, il ne voyagerait pas aujourd'hui vers le Rhin, et je ne m'acheminerais pas, moi, vers l'Angleterre, que j'espérais ne jamais voir.
~~~~~~

La cathédrale de Rouen est, en son extérieur, un assez bel édifice gothique; l'intérieur m'en a paru mesquin et mal orné. Au moment où je suis entré dans l'église, le cardinal de Cambacérès donnait, en grand appareil, la communion pascale. Tout chamarré de cordons, par dessus les ornemens épiscopaux, il distribuait le pain sacré avec une précipitation allant jusqu'à l'indécence, avec une distraction visible et une préoccupation d'esprit, qui m'a paru affliger ses diacres et tout le cortége du moment.

Cet Archevêque ressemble beaucoup, et beaucoup trop, à l'Archichancelier son frère. Il a, toutefois, des manières moins guindées, et un peu plus de monde ou d'esprit dans le regard. Comme il était pour moi un objet de réflexions et de curiosité, j'ai dirigé mon lorgnon sur sa personne. Il s'en est scandalisé, et m'en a vivement témoigné son impatience. Incapable de braver qui que ce soit, j'ai senti que j'avais tort, et j'ai ployé mon lorgnon, pour quelques minutes.

Ce cardinal, né fils de magistrat, mais pauvre, déploie, en ce pays-ci, une magnificence, bien supérieure aux revenus de l'épiscopat. Son frère et Napoléon lui ont donné l'opulence; et tout cela, je vous assure, bien gratuitement, s'il faut lui chercher du mérite, en chose quelconque. Il le sent si-bien lui-même, qu'il s'est abandonné à Napoléon, comme d'autres s'abandonnent au Diable.

Lorsqu'il apprit, il y a deux ans, la calamité de Moscou, et le besoin qu'avait l'Empereur de se faire vîte une armée, le cardinal écrivit précipitamment aux Ministres, pour mettre à leur disposition toute la milice-sainte de Normandie. Ce qui fut dit fut fait. Et ce prélat impitoyable, fit, *de tous ses séminaristes,* des soldats.

Au retour de la Famille Royale, il voulut se faire pardonner l'incartade, et il repeupla son malheureux séminaire, comme il put. Mais les jeunes lévites, se méfiant aujourd'hui de ses habitudes, viennent tous de gagner au large, en apprenant que *le grand Napoléon* r'arrivait.

Cette subite émigration, à laquelle n'ont pu s'opposer ni les verroux, ni les grilles, a mis en irritation monseigneur de Cambacérès; et voilà, probablement, une des mille causes de la préoccupation que nous avons remarquée en lui.

Je vous disais, Madame, que la ressemblance des deux frères est des plus frappantes : Il en résulta, il y a six ans, un fameux qui-proquo. L'Archichancelier, dont la passion est de se mettre en vue, malgré sa choquante laideur, voulut se régaler, un jour, des ébahissemens d'une province où son sang jouait si beau jeu.

A peine délassé de son voyage fait en poste,
il se rendit sur le Cours le plus fréquenté de cette
ville. Une douillette de soie recouvrait son riche
costume, et le sanctifiait un peu, probablement.
Les bonnes femmes, en l'apercevant, crurent
voir leur propre Archevêque. Elles tombèrent à
ses genoux, lui fermèrent passage, et lui demandèrent sa bénédiction.

Il s'imagina, lui, qu'il s'agissait d'aumône:
Et comme il tirait et déliait gravement sa bourse,
un éclat de rire universel le détrompa.

Bonaparte l'ayant su, lui dit : *Quel besoin
avez-vous d'allez divertir mes provinces?*

— MES PROVINCES!..... Autre original, s'il en
fut!

LETTRE HUITIÈME.

A la Même.

Dieppe, 27 mars 1815.

La ville de Rouen a mis son Administration
municipale dans l'ancienne et vaste Abbaye de
Saint-Ouen, de l'ordre des Bénédictins. C'est
dans les profondeurs de cette caverne que j'eus
l'imprudence de me hasarder, avant hier, espé-

rant qu'on voudrait bien me permettre de prendre place dans la diligence, et de me rendre en
un port de mer. Le premier-Adjoint, homme en
cheveux blancs, et d'une physionomie assez ras-
surante, prit mon passe-port, qu'il fallait viser;
il le lut avec réflexion, comme il aurait fait d'un
contrat ou d'une consultation compliquée; et
puis, se retirant à l'écart, pour dix ou douze minutes, il revint et me dit, sans s'émouvoir : « Ce
« passe-port n'a été pris qu'à Louviers, à deux
« pas d'ici; et, cependant, vous venez de la ca-
« pitale. Votre nom est tronqué, dans le passe-
« port : Circonstance qui n'est pas à votre avan-
« tage. Quand on se mêle de littérature polémi-
« que, il faut s'attendre aux accidens du métier.
« Sa Majesté impériale et royale a placé votre
« nom sur une liste, qui nous arrive. Il n'y a
« pas moyen de songer soit à Dieppe, soit au
« Hâvre : On veut vous revoir à Paris. »

— « Bon Monsieur, » lui répondis-je, avec un
sourire qui lui parut indifférent, quoiqu'il ne le
fût guères : « Si la Liste impériale vous était arri-
« vée quelques minutes plus tard, vous m'auriez
« laissé continuer mon voyage ?... Consentez, s'il
« vous plaît, à un léger anachronisme : Ce péché
« ne vous damnera pas, je vous le promets. »
M. l'Adjoint feignit de sourire, à son tour, et il

ajouta : « Les gens d'esprit sont bien heureux !...
« Rien ne les abat, ni ne les déconcerte..... Ser-
« gent ! descendez Monsieur au violon. » Il pro-
nonça ce peu de mots, comme il aurait débité la
chose la plus favorable, et il se remit dans son
fauteuil de marroquin cramoisi.

Deux vétérans, assez lestes encore, me con-
duisaient à ce violon ou entrepôt de la Mairie,
lorsque le beffroi de la ville se mit à sonner le
tocsin. Mes soldats, alarmés, suspendirent leur
marche, se rapprochèrent d'une foule de Gardes-
Nationaux qui, venant du dehors, apportaient
sûrement des nouvelles ; et, moi qui ne pensais
nullement que ma conscience fût engagée à les
attendre, je m'approchai d'une petite porte cin-
trée qui ouvrait sur une ruelle déserte, et je me
sauvai dans les champs. Ayant échappé, en un
âge très - tendre, à la haine personnelle de Robespierre (qui, huit ou neuf mois durant, me
tint au cachot), je porte en mon âme une sorte
de conviction que Dieu protège mes imprudences, en faveur de la droiture qui m'y fait
tomber : Et je cheminais, vîtement mais tranquille, sur cette large route de Dieppe, avec
l'espoir d'y devancer les perquisiteurs ou leurs
suppôts.

Sorti de Rouen, vers les deux heures, j'entrai

dans le village de Tott, comme une heure sonnait, après minuit.

M'étant choqué, à différentes reprises, contre les aspérités de la route, mes pieds étaient en sang. On m'accorda quelques soins dans l'auberge, qui domine sur la Normandie, et qui, par parenthèse, appartient au Chancelier d'Ambray, dont le château est à deux pas.

Deux messieurs, dont on préparait les chambres, se reposaient devant la grande cheminée commune, et parlaient Anglais, à ce qu'il me sembla.

L'un d'eux ressemblait si-fort au Commissaire-Ordonnateur Boileau de Gauldrée, que j'accourus pour l'embrasser. Il se leva, me fit voir mon erreur; et peu d'instans après, me rejoignit dans ma chambre, par intérêt ou curiosité.

Ayant su mon Nom et la cause de mon voyage, il crut pouvoir donner confidence pour confidence; et il m'apprit qu'il appartenait, comme Secrétaire-intime, au Cabinet du Comte d'Artois. Parti du château des Tuileries, après le brûlement général des papiers, et la triste évasion des princes, ce jeune homme se rendait à Londres auprès de l'abbé de Latil, son parrain, qui s'étant sauvé, dès les mauvaises nouvelles, n'avait pas même songé à lui laisser un passe-port. Le sac sur le dos, comme un homme de troupe, il avait fait son long chemin à pied, jusqu'à l'avant dernier village, où un riche Anglais, qui fuyait en toute hâte, l'avait pris dans sa Berline, jusques au port de mer. Au point du jour, ils allaient repartir ensemble.

LETTRE NEUVIÈME.

A la Même.

Brigtonn (en Angleterre), le mercredi de Pâques 1815.

J'AI l'espoir, Madame, de trouver une de vos lettres à la poste-restante de Londres, ainsi que vous avez eu la bonté de me le promettre. En attendant vos chères nouvelles, je continue à vous donner des miennes. Mais en vous transmettant le récit de mon triste pélerinage, il s'en faut bien que je vous raconte tout ce qui pourrait vous y distraire et vous intéresser : De semblables Relations prendraient sur mon papier trop d'espace.

A Dieppe, je vis l'affliction peinte sur les visages de tous les habitans : Leur ville, si long-tems anéantie par la colère anti - Anglicane et tenace de notre Empereur, allait retomber dans toutes ses langueurs et privations : Les gens de marine et les marchands étaient inconsolables.

Nous sommes, comme vous savez, au plus fort des tempêtes de l'Equinoxe. L'Océan, au lieu de s'adoucir, pour nous aider en notre passage, n'a jamais été plus désordonné. Du haut du phare, qui marque l'entrée du port, je passai deux grandes heures à contempler cet affreux spectacle d'une mer soulevée jusqu'aux cieux. Les malheureux pêcheurs, de cela qu'il faut, tous les jours, et faire vivre et vivre, s'abandonnent aveuglément à ces vieux gouffres, où sont les ossemens de leurs aïeux. Je voyais, sur les sommités des bondissantes vagues, surgir, au loin, des voiles violemment tendues, qui soudain rentraient dans l'abîme, et faisaient palpiter mon cœur.

Etranger à mes tristes agitations, le Gardien-perpétuel du phare, continuait à tresser les losanges de son filet, et chantait, machinalement et sans y songer, une complainte naufragère.

A quelque distance de ma Tour-d'observation, j'aperçus une croix, d'une élévation prodigieuse, chargée d'un Christ proportionné à sa haute dimension, lequel s'agitait sur sa flottante croix, comme s'il eût encore éprouvé les souffrances.

La mer s'étant rendue plus terrible, vers les trois heures, les pauvres familles des nautoniers vinrent se prosterner sous les regards du Fils de Marie, et ces femmes, entourées d'enfans, lui demandaient grâce pour leurs propres pères ou leurs époux.

A la marée de huit heures et demie, notre vaisseau quitta le port, et nous fûmes bientôt dans l'espace. Ah, Madame, dispensez-moi de vous retracer, ici, les affreux périls et les horreurs de ce lamentable voyage. Qu'il vous suffise de savoir qu'une traversée, qui pouvait ne durer que six ou huit heures, nous a tenus martyrisés pendant trois jours et trois nuits immenses; que dans cet horrible espace de soixante et douze heures, nous avons vu périr presque tous nos bagages, et trois matelots emportés par les vents; que nos voiles et les deux mâts ont été mis en pièces; qu'on a été réduit à cesser toute manœuvre, à fermer les écoutilles, et à s'abandonner à la volonté du sort. De moment en moment, le roulis du lourd paquebot devenait plus rude et plus intolérable. Les chevaux du duc d'Aumont, suspendus comme c'est l'usage, s'entrechoquaient et poussaient des cris aigus. A ces cris se joignaient ceux de toutes nos compagnes qui, abîmées en leurs faibles entrailles, imploraient la mort comme un bienfait.

Une dame Anglaise est accouchée parmi toutes

ces violences; et son jeune mari, fondant en larmes, suppliait les voyageurs de se soutenir, s'il était possible, pour ne pas écraser la mère et l'enfant.

Au milieu de ces ténébres et de ce chaos, un vieux Comte de Tilly, grand blond, très-amoureux de son exigeante personne, disait à cette assemblée d'infortunés : *Vous voudriez bien maintenant être restés en France, au risque d'y avoir notre Charte, et même l'Empereur.*

La troisième journée commençant, le pilote reparut, un moment, sur le pont du navire, et se renferma de nouveau, pour nous informer que le-Portugal était à deux pas de nous..... Quelle divergence ! La tempête prit tout à coup une nouvelle fureur d'impulsion, qui nous précipitant vers la Grande-Bretagne, nous accorda ce que nous souhaitions avec ardeur. Hier, à minuit, par un calme inespéré et une lune à demi-brillante, nous abordâmes au petit port de New-Avén.

Alors, ce fut à qui se précipiterait hors du navire. On gagna promptement la ville ou bourgade, bâtie en jolis cailloutages, sur le bord élevé de la mer; et comme une seule auberge consentit à ouvrir ses portes, les vivres et les chambres appartinrent aux premiers occupans.

Un pauvre vieillard, nommé *Martin*, ne pouvait se soutenir et tremblait la fièvre : Je lui donnai mon bras et mes soins. Il en arriva que ni lui ni moi ne trouvâmes plus de lit dans l'auberge : Et qu'après avoir mangé une faible beurrée, nous acceptâmes, avec reconnaissance, lui un fauteuil, et moi le dessus d'un coffre, pour y passer notre pauvre nuit de délassement.

Ce matin, sur les dix heures, on a su que M. le Duc d'Aumont, arrivé depuis deux jours, en Angleterre, consentait à recevoir les Français. En sa qualité de Gouverneur de Normandie, il m'a fait l'honneur de me questionner sur les troubles de Rouen, et les dispositions de Dieppe. Un seul de ses beaux chevaux a eu la jambe cassée, dans notre navire : Il les regardait tous comme perdus. Ce seigneur m'a dit avec afflicion : *Et voilà le grand génie de notre Monarque. Il n'a point voulu reconstituer la France, et s'est imaginé faire merveilles en laissant aux emplois tous les amis de l'usurpateur ! Ce sera nous et non le Roi qui pâtirons de ce désastre : Il a déjà mis des sommes considéables dans les fonds Etrangers.*

Ce n'est qu'à Brigton, que je puis avoir des voitures pour la capitale. Malgré les trois fortes lieues qui me séparent de ce Brigton, je vais,

m'y rendre, Madame, en simple attitude de pro-
meneur; résolu que je suis de ne plus compter
aucune fatigue en ce monde, puisque Dieu m'a
délivré de la mer.

LETTRE DIXIÈME.

A la Même.

Londres, le 31 mars 1815.

Non, Madame, les Anglais ne sont pas raisonnables en désertant leur patrie, comme ils
font, à l'envi les uns des autres, pour venir se
disputer nos maisons de campagne, et faire accroire ainsi, à l'Europe entière, qu'il n'y a ni
riantes verdures, ni soleil chez eux. Je suis, à
cet égard, plus équitable qu'eux-mêmes, et je
vous assure, avec pleine conviction et sincérité,
que leurs arbres sont du plus ravissant feuillage,
leurs maisons de plaisance, parfaitement dignes
de ce titre; et leurs vastes campagnes, riches de
culture, de poésie et d'agrément.

C'est à Brigton que l'on commence à remarquer la véritable aisance Anglaise. Les rues de
cette petite ville sont alignées et proprement tenues, entre un double rang de jolis trottoirs. Les

maisons, agréablement distribuées, offrent dans tous leurs détails, ce demi-luxe d'ameublement et de propreté que vous avez pu observer en Hollande, et que notre France, si vaniteuse, ne peut offrir qu'en ses sommités.

La ville de Brigton est presque neuve, et doit son existence à la faveur particulière du prince-Régent actuel. Ce fils de Roi y a bâti une grande maison : Trop-peu régulière, pour avoir le nom de palais ; mais aussi trop-riche, pour n'être nommée qu'un bel hôtel. Avec un peu plus de loisir, et de calme en moi-même, j'en aurais pu voir les appartemens. On dit que, pour être meublés les uns à la turque, les autres à la chinoise, ils n'en sont pas moins dignes d'un Souverain qui se pique et de bon sens et de bon goût.

La ville de Londres est comme ces caractères mal-agencés qu'il faut essayer et parcourir, quelque tems, pour en apercevoir et saisir la bonne importance. Le premier aspect de cette fameuse capitale ne parle pas pour elle, de bien s'en faut. Mais, ensuite, à l'usage et au détail, vous reconnaissez tout son mérite bien-calculé, et ses prodigieux avantages. Brigton est un petit avant-goût de Londres : Londres est un grand et admirable Brigton.

Le long séjour de nos Emigrés en ces murs y

a naturalisé nos usages domestiques; et le peuple, humanisé par l'aspect de ces laborieuses infortunes, a cessé de haïr le nom Français. Il ne va pas au devant de nous; mais les seuls cochers des diligences-foraines se permettent de nous insulter, du haut de leurs siéges.

Madame, fille de Louis-XVI, vient d'arriver ici, de Bordeaux, où elle se trouvait, on ne sait pourquoi, quand la Famille avait tant besoin d'être plus forte et réunie.

Je tiens de bonne part que cette princesse, ayant eu l'espoir de conserver la troupe au Roi son oncle, se transporta, de sa personne, à la caserne, et que là s'adressant aux officiers, elle leur dit ce peu de mots : *J'espère, Messieurs, que vous n'oublierez pas que vous êtes Français; que votre Roi est Français; et que nous avons toujours aimé la France. Donnez-moi la satisfaction de me faire entendre le cri de* VIVE LE ROI !

— « Cela nous est impossible, » lui répondit un colonel, s'exprimant pour les autres : « Na-
« poléon a fait notre gloire : Nous ne voulons
« appartenir qu'à lui. » Et, aussitôt, il agita son chapeau, en criant *vive l'Empereur!* sous les yeux de Madame.

La troupe, toute entière, suivit l'exemple de

l'officier, et des ris moqueurs se joignirent à cet acte de rébellion inconsidérée.

Si MADAME avait eu la présence d'esprit, l'héroïque attitude et l'éloquence de *Marie-Thérèse* sa grand-mère, elle pouvait, en cinq ou six paroles, soutenues de courage et de dignité, ramener toute cette jeunesse française. Mais la princesse n'a, par malheur, que de bonnes intentions.

Un sentiment de dépit s'empara de son âme. Elle saisit sa toque de velours aux plumes vertes, et, la rejetant sur le sable, voulut la fouler sous ses pieds. Une tristesse grave et silencieuse aurait produit bien plus d'effet.

Le soir même, le Maire de Bordeaux mit à sa disposition un navire, qui par cet équinoxe épouvantable, l'a transportée chez les Anglais.

MADAME est venue descendre avec sa suite, chez le comte de la Châtre, notre Ambassadeur, qui, par dévoûment et bienséance, lui a cédé le grand Appartement de l'Hôtel.

Ce bel Hôtel, situé place de *Porthmann-Square*, manque d'extérieur, comme presque tous les édifices de Londres, mais l'intérieur est pourvu d'élégance et même de somptuosité. L'escalier, à deux rampes, est précédé de quatre colonnes imitant la brèche violette, et le jour lui vient de très haut, ce qui produit un charmant effet.

C'est là qu'une longue salle de rez de chaussée réunit, trois fois la semaine, mes pauvres compatriotes, courant aux nouvelles et aux récits. M. le marquis de Montalembert, secrétaire d'Ambassade, se montre affable et bienveillant à nous tous.

Le comte de la Châtre, occupé de sa propre Maison, de la Maison de la princesse et des Affaires de son Roi, ne peut voir que bien peu de monde. M. l'Evêque d'Uzès, son parent, lui nomme ceux qui en témoignent le desir, ou lui recommande utilement ceux qui le méritent.

M. l'Evêque d'Uzès, du nom de *Béthizy-Mézières,* est un de ces prélats spirituels et capables, comme l'Eglise en possédait, avant nos malheurs. Parvenu à un âge avancé, il n'a pris de la vieillesse que la prudence et la réflexion : A cela près, on croit voir et entretenir un homme jeune. Je compte me lier avec lui plus étroitement. Mes ouvrages sont connus de lui ; j'ai su qu'ils lui sont agréables ; il a eu la bonté de m'offrir ses services, que je suis en position de ne pas accepter. Mais son naturel m'attache ; j'aime les grands caractères : Et c'en est un.

On vient de nous apprendre que le duc de

Feltre a conduit nos princes à Gand, malgré les contraires Avis du boiteux Périgord, qui les voulait à Londres.

Mme la duchesse d'Angoulême vient d'offrir à son Oncle de se remettre en mer, s'il le faut, pour aller le joindre. L'Ambassade ne pense pas que le Roi y consente : MADAME peut être utile, en cette résidence, où elle est connue (des autres années) chez les Filles et l'Epouse du Roi régnant.

Adieu, Madame ; on espère beaucoup, ici.

LETTRE ONZIÈME.

A la Même.

Londres, le 10 avril 1815.

MADAME,

Dans le nécessaire intérêt de son usurpation, Bonaparte excitait, depuis quinze ans, en ce pays-ci, un parti *réformiste*, auquel il promettait le renversement de la Constitution Anglaise, la distribution des biens ecclésiastiques et l'abaissement des seigneurs. Ce parti ne put voir sans douleur, il y a un an, la chute et l'abaissement du prophète. Sa réapparition les a transportés de joie : Et dans ce moment, il n'est point d'effort et de tentative qu'ils ne hasardent, pour opérer son entier rétablissement. Les riches de ce parti novateur et *radical* se sont cotisés, en faveur de Celui qui distribuait naguère des couronnes. Ils viennent de se démunir pour lui, de quelque dix ou douze millions tournois.

Le prince-Régent, instruit de tout ce qu'ils se permettent, les enverrait au pilori, s'il en avait la puissance : Car après son Epouse et Cousine, il n'y a pas un être, dans la nature, qu'il haïsse et exècre comme l'Empereur. On assure, même, que c'est uniquement à cause de cette princesse, que le Régent poursuit avec tant de furie le Perturbateur de l'univers.

Quoique bonne, décente et irréprochable, son Mari a porté contre elle une accusation d'*adultère,* qui fut jugée *à la confusion de l'accusateur.* (En pleine audience, divers témoins, gagnés et vendus, furent admonestés par les juges.)

Napoléon, mauvais ennemi, intervint, comme il put, dans cette agitation domestique. Il fit outrager le prince Régent, dans son *Argus* de Paris, et jusque dans les Feuilles Anglaises. Il offrit à la princesse calomniée un asile HONORABLE en France, et répandit, jusque dans Londres, des caricatures humiliantes contre le Mari.

Aussi le prince-Régent, sans se mettre en peine des Chambres, a-t-il déjà décidé que le pays reprenait les armes, et qu'à force de bataillons et de subsides, on se rendra maître de l'usurpateur.

Depuis quinze jours, on ne voit, ici, que soldats sur les routes ; et les vaisseaux de transport n'ont pas arrêté, un seul moment.

La majorité de la nation applaudit, il est vrai, à cette énergie de son prince, mais uniquement, je vous assure, dans l'intérêt du peuple Anglais : Ils savent que si leur Adversaire pouvait se remettre en selle, il leur réserve un fier galop.

LETTRE DOUZIÈME

A la Même.

Londres, le 15 avril 1815.

MADAME,

J'ai reçu votre lettre de Paris, par la voie de Hollande, et j'admire comme elle a pu quitter ce Paris, avec le bagage dont vous l'aviez chargée. Ne commettez plus, s'il vous plaît, une semblable imprudence : Vous vous feriez à vous-même quelque grande calamité. Si je n'avais à ma disposition l'intermédiaire que je possède, je ne vous écrirais même pas.

Je ne crois pas vous avoir dit encore que le Gouvernement Anglais (par humanité, par vanité, ou par politique) distribue des secours mensuels à nos anciens émigrés, échappés aux batailles : Et ces secours, il les leur continue, puisque leur propre Roi n'a rien fait pour eux.

Dès les premiers jours de ce mois - ci, on les convoqua tous, de la part de l'Ambassade; et là, on leur dit, avec infiniment de politesse, que le Roi Louis-XVIII, « ne pouvant oublier leur fidé- « lité à toute épreuve et les témoignages sans « nombre qu'il en avait reçus, durant l'Emigra- « tion, les rappelait sous les bannières de l'hon- « neur et dans les champs périlleux de la gloire. » L'orateur ajouta « que MADAME joignait ses invi- « tations à la prière de son Oncle, et qu'Elle en « saurait à ces Messieurs un gré infini. »

Le temps des illusions est passé. Presque tous ces Messieurs ont donné à comprendre, par l'indifférence de leur accueil, qu'on ne se joue pas impunément de l'espèce humaine; que l'ingratitude, portée à son comble, est un poignard à deux tranchans; et que des malheureux à qui l'on n'a plus voulu rendre une parcelle de leurs biens (après s'être servi de leurs bras mutilés pour rentrer dans ses propres domaines), étaient payés et plus que payés pour se tenir désormais à l'écart.

Le comte de la Châtre, par bienséance d'état, a voulu faire quelques observations, et aventurer des demi-promesses : un de ces Messieurs lui a dit avec vigueur : « Monsieur le comte, n'ou-« bliez pas que vous parlez aux faibles débris de « l'*armée des princes*, ensevelie, après tant de « fatigues et de souffrances, dans des champs « lointains, où ses ossuaires restent méconnus. « Nous avons sacrifié pour nos Bourbons les jours « brillans de notre jeunesse, la vie de délices « qui nous était acquise dans le monde, et la « douce paix domestique, dont nous n'aurons ja-« mais joui.

« Pendant notre absence, nos pères irrépro-« chables sont morts dans les prisons ou sur les « échafauds ; nos épouses ont été livrées à toutes « les humiliations de la détresse ; nos jeunes en-« fans se sont éteints, ou dans la Loire, ou dans « les hospices, ou dans les forêts. Nos frères, « vaillans et généreux, sont tombés à côté de « nous dans les combats, et par là sont devenus « les seuls heureux de nos familles.

« Durant cette lutte horrible, où l'Honneur « Français nous soutenait contre les douleurs de

« l'âme et les révoltes de la nature, le Descen-
« dant de Henri-IV nous promettait, solennelle-
« ment et en toutes rencontres, de restituer à
« nos épouses leur dot, à nos mères défaillantes
« une toiture, à nos enfans leurs patrimoines en-
« vahis. Il nous promettait de partager, un jour,
« avec nous, les fruits innombrables de ses do-
« maines, *venus de Henri le grand.*

« Voilà que le jour des rétablissemens est ar-
« rivé. Le soleil de justice et de consolation a
« voulu luire sur la patrie : Mais le Descendant
« de Henri-IV, oubliant les maximes et le grand
« cœur de son Aïeul, a rassemblé, sur sa per-
« sonne et sur les siens, les rayons de l'Astre du
« monde. Par un Edit solennel, déclaré *irrévo-*
« *cable,* il a dit, en face du monde, que ses seuls
« défenseurs restaient voués à la spoliation, à
« l'exhérédation, aux mépris publics, et à la
« misère.

« Que ce Méchant, au cœur de fer, aille cher-
« cher ailleurs ses dupes et ses victimes. Au lieu
« d'assister ceux là qui le protégèrent, il a fait
« DES ÉCONOMIES, et placé, *à l'intérêt,* des tré-
« sors !... Que ces trésors aujourd'hui le défen-
« dent. Il s'entend fort bien à être riche, mais
« nullement à être Roi. Qu'il vive en paix, et
« qu'il nous y laisse ! »

Représentez-vous, Madame, l'impression qu'a produite sur l'assemblée un pareil discours, et le nombreux enrôlement qui a dû s'ensuivre! Le comte de la Châtre, pâle comme un spectre, aurait voulu être à mille lieues de là, tant il craint les reproches ou les caprices de ce Louis-XVIII, aux destins duquel, on ne sait pourquoi, il a consacré sa vie.

Comme l'Ambassadeur regagnait sa voiture, deux gentilshommes, s'énonçant avec plus de modération, lui ont représenté « que presque tous « leurs camarades étaient couverts de blessures, « qui, pour la plupart, saignent encore. » Et ils disaient vrai.

L'Ambassadeur, ancien émigré lui-même, et (qui plus est) colonel d'un régiment de son Nom, était bien persuadé de toutes ces choses. Il en a écrit à Gand : Mais comment fléchir un prince ambitieux, qui veut remonter, à tout prix, sur son trône : sans s'exposer, lui, jamais, le moins du monde, et sans cesser de mettre au Ban et à l'arrière-Ban une Noblesse, dont Louis-XVI, par ses conseils, détruisit l'existence, et que, lui-même, a fini d'abattre, en son règne éphémère de neuf ou dix mois!

Barbare et dur, comme tous les ingrats, le Roi de Gand a vitement écrit, de sa main, au prince d'Angleterre, pour le supplier de faire passer à LA VISITE MÉDICALE tous les Emigrés sans distinction, afin de retirer sa petite pension de bienfaisance à ceux qui déclineront la guerre, *sans infirmités claires comme le jour.*

Le Régent, ne se croyant pas un préfet de Louis-XVIII, a jugé la proposition inconvenante : Et les secours royaux n'en seront pas moins distribués. Le prince - Régent a plus fait : il a répondu cinq ou six mots au Monarque solliciteur, pour lui représenter le long dévoûment de sa Noblesse illustre, mis en regard de ses malheurs.

Courrier par courrier, le Roi patelin a fait distribuer, ici, parmi les Royalistes, une manière de proclamation, où il promet solennellement de changer *dix ou douze articles de sa Charte, que des circonstances impérieuses lui arrachèrent,* dit-il, *et qui ont blessé trop vivement des intérêts, restés chers à son cœur.*

Nouveau Mazarin, il bat, depuis long-tems, comme lui, cette fausse monnaie des promesses ; mais elle est si connue, qu'on n'en veut plus.

Un petit nombre d'Emigrés, pour être utiles à MADAME, viennent de s'en aller en Vendée : Et il faut rendre cette justice à leurs camarades, qu'ils n'ont aucunement pris soin de les en détourner.

MADAME, ici, n'est point chérie, parce qu'elle ne sait point se résoudre à être aimable : Mais étant la fille de cette Reine prestigieuse, dont la seule présence était un spectacle, et chacun de ses regards un bienfait, on la considère, par forme d'héritage. On veut l'honorer, dans le souvenir magique de sa Mère; et on lui suppose une partie des qualités de cette grande âme, parce qu'on retrouve en elle un peu de son teint, un peu de ses yeux. Ah! si MADAME avait su marcher, sourire et saluer comme sa pauvre Mère, elle pouvait reconquérir la France, à elle seule, sans romanciers et sans soldats.

LETTRE TREIZIÈME.

A la Même.

Londres, avril 1815.

La circulaire envoyée en ce pays-ci par le Roi de Gand, avec intention de ressusciter les espérances des Royalistes, se termine par une invitation, adressée aux Ecrivains *du genre*, de traiter incessamment la question, « afin d'éclairer son esprit. » Voilà qui est bien! Mais, Madame, nous apprenons de France, au même instant, que le même Roi, avec la même plume, la même encre, a fait parvenir aux Anti-Royalistes de France une circulaire, en tout semblable à la nôtre, dans laquelle il s'excuse d'avoir trop accordé à l'ancienne Aristocratie de son Royaume, et dans laquelle circulaire il promet d'éliminer ou changer les Articles de sa Charte, dont le parti souhaitera le redressement.

Vous voyez, Madame, qu'il ne manque rien, absolument rien, à la politique de notre prince, si ce n'est la prévoyance indispensable, et les finesses du secret.

Nous avons ici des hommes d'esprit et de naissance, qui ne l'ont point perdu de vue, un instant, pendant quinze et vingt années, et qui sachant sa vie entière, depuis Versailles jusqu'à Hartwel, s'accordent à le regarder comme le véritable et criminel auteur de toutes les calamités de la France.

Né profondément ambitieux et dissimulé, il desira le premier rang, du jour que mourut le Dauphin son père. Et les personnes de l'éducation n'étaient sans cesse occupées qu'à réprimer ses brusqueries dédaigneuses ou mortifiantes envers son frère Aîné.

A Versailles, quand ce malheureux prince Aîné fut Roi, le dépit du comte de Provence s'exhalait, en toute occasion, et en mille rencontres. Aux grands-levers (dont le noble cérémonial s'était maintenu depuis Louis-XIV), on n'entendait jamais que la voix libre du Monarque, et la voix modérée de son interlocuteur choisi.

Le comte de Provence arrivait-il : c'était une autre affaire. Il parlait plus haut que le Maître : Ou plutôt le véritable Maître, c'était lui.

Vingt mois après la mort de Louis-XV, il voulut se montrer avec splendeur aux Français, et remplir de son Nom les gazettes. Sous prétexte de visiter *la Provence*, dont le nom faisait devanture à son apanage, il se fit décerner des entrées magnifiques dans les principales contrées du Midi ; où ne hasardant pas une obole de son revenu, il causa au Roi et aux provinces plus d'embarras et de profusions qu'un couronnement.

Nulle modestie en rien, nulle retenue. Autant on l'avait vu soumis et flatteur devant son Grandpère, autant sa superbe et sa jactance se déployaient-elles sous le nouveau Roi.

A Marseille, l'Hôtel-de-Ville lui donna des fêtes brillantes, où le Parlement d'Aix crut devoir se rendre, malgré les embarras dispendieux d'un tel déplacement.

Entre le concert et le bal, on vit le prince, couvert de diamans, annoncer, par un mouvement de sa main, qu'il allait parcourir le Cercle. En effet, le voilà qui, tout radieux de ses vingt-deux ans et de ses pierreries, s'avance, à la tête des grands seigneurs. Les dames, dans tout l'éclat de leur jeunesse et de leur parure, sont debout et modestes sous ses regards : et lui, leur sourit avec une familiarité, que ne se permit jamais son Grand-père.

Une brune, aux yeux vifs, à la taille bien dessinée, lui semble mériter un surcroît de son attention; il s'approche et ose appuyer le doigt sur son sein. La belle Marquise provençale, peu accoutumée à de telles licences, rougit et lui lance un soufflet. Ses compagnes poussent un cri d'étonnement, et tout-aussitôt éclatent de rire.

Le Glorieux, tombé dans le piége, n'a pas l'esprit de faire des excuses : Il ne prend conseil que de sa morgue, et ses vingt-deux ans vont se rasseoir.

Tout le monde se divertit. Ce fut à qui glisserait une félicitation à la jeune présidente, qui tapait si franchement les profanes audacieux.

MM. du Parlement ayant découvert qu'il en avait porté ses plaintes à Versailles, écrivirent, de leur côté, au ministre; lequel remit les choses à leur valeur.

Depuis ce malheureux accident de Marseille,

les Parlemens n'ont pas eu d'ennemi plus acharné que M. le comte de Provence; il les a calomniés en toute occasion; et ce fut pour les exterminer en dernier ressort, qu'il fit arriver, après mille essais, au ministère, l'abbé de Loménie.

Espérant que Monsieur renoncerait à son vaste logement de Versailles (ainsi qu'il s'y engageait) la jeune Reine Marie-Antoinette lui fit accorder le palais du Luxembourg, ancien apanage de Gaston de France. Il prit ce noble palais, y logea le bâtard de Modène son favori, mais n'en resta pas moins à Versailles, où son humeur jalouse et sa plume satirique offensaient et calomniaient la Reine, à tous momens.

Depuis quelque tems, des chansons affreuses étaient distribuées contre cette Princesse. On jetait les soupçons sur tous les poëtes ou rimeurs imaginables; enfin, le hasard conduisit à la découverte, et la Reine sut à quoi s'en tenir.

Vive et sensible, comme l'y autorisaient et son innocence et son jeune âge, elle eut le malheur de tendre un piége à son Adversaire. Une de ses débauches avait été soupçonnée : Il fut saisi en flagrant délit.....

Ce soir-là même, au jeu de la Princesse, il perdit et perdit, contre son usage. Le duc de Noailles s'en étant récrié, deux fois, de surprise, la Reine dit, en souriant, ce peu de mots : *Mon Frère, aujourd'hui, est malheureux, dans toutes ses parties.*

Ah, malheureuse et naïve Antoinette! ce mot funeste vous perdit. Il fut pour vous la boîte de Pandore, d'où s'échappèrent tous les crimes et tous les maux.

Voilà, Madame, de ces particularités que le monde ignore; et il juge la pauvre Reine, sans connaître les motifs de ses affreux calomniateurs.

LETTRE QUATORZIÈME.

A la Même.

Londres, 25 avril 1815.

Votre lettre, datée de Passy, vient de me parvenir, Madame : Elle me confirme ce qu'on avait déjà répandu dans ce pays - ci. Les habitans de Paris, qui déjà commençaient à goûter les fruits de la paix et de la concorde, ne voient dans le retour de Napoléon que le retour de toutes nos anciennes misères, et ils ont froidement accueilli ce Souverain perturbateur. Vous me dites qu'il ne s'est vu entouré que de la plus vile populace, et que n'osant se montrer aux fenêtres des Tuileries, il se borne à louvoyer derrière l'épaisseur des carreaux. C'est là, en effet, l'inévitable position d'un criminel usurpateur, qui s'introduisant, par escalade ou par violence, dans le palais de ses Maîtres, croit les y voir sortir, à toute heure, du fond de leurs alcôves solitaires, pour lui reprocher son audace et sa noire infidélité.

Combien ce fameux Soldat pouvait rendre son Nom glorieux et sa destinée solide et brillante, s'il eût senti et connu ses véritables intérêts!

Lié par son serment et par la reconnaissance, ne devait-il pas et son talent et son épée à son Prince légitime, qui fut, de plus, son bienfaiteur? Elevé à l'Ecole-Militaire, par la généreuse bienveillance de Louis-XVI, c'est contre ce Père adoptif et contre sa Famille, qu'il a tourné la science et les avantages qu'il tenait de leur générosité.

Il parle sans cesse d'Honneur... S'il y en avait le moins du monde en son âme, il rougirait à toute minute, en se voyant logé dans le palais de son malheureux Roi, tandis qu'à un âge avancé, les deux Chefs de cette famille déplorable demandent un asile aux peuples étrangers.

La Providence est lente, quelquefois; mais elle est juste. Le barbare Aggresseur sera tourmenté ; l'Ingrat sera trahi ; le Spoliateur insolent éprouvera, à son tour, le dénûment et la misère.

La ridicule inauguration du *Champ de mai* ne le consolidera que dans ses gazettes. Son larcin audacieux menace tous les trônes : il doit crouler, et il croulera.

Son ministre Fouché ne me paraît pas croire beaucoup à la permanence de son Maître. Il a ici deux Agens secrets, qui ne perdent aucune occasion de nous offrir jusqu'à des services, et qui ne parlent qu'avec respect de la fille de Louis-XVI. Ils reçoivent et font circuler obligeamment *les bons journaux* de France. Ils disent tout haut que la partie est bien liée, et que *l'Extravagant* ne tiendra pas.

Au reste, si bon nombre des émigrés, rentrés en 1814, sont retournés ici auprès de leurs anciens amis stationnaires, l'usurpateur n'a pas négligé de nous envoyer, pêle-mêle, une légion de faux émigrés. Ceux-là sont aisés à reconnaître : D'abord, à l'abondance qui les accompagne, et puis, à la couleur de leurs paroles et insinuations. L'autorité a l'œil ouvert sur eux, et les bonnes maisons leur sont fermées.

La librairie Bossange père, de Paris, a formé ici un magasin, dans le genre théâtral et splendide. On y voit une galerie où sont rassemblés, en peinture, les Actes saillans de *la Vie de l'Empereur*. On n'est admis que par Billets-payans, et la curiosité vaut recette. MADAME s'y est présentée comme tout le monde ; les employés l'ont reconnue, quand elle et Mme de Sérent partaient.

Le libraire Bossange a épousé une Fille du Consul Le Brun, Archi-trésorier de l'Empire : Et voilà qui explique son magasin et sa galerie de tableaux. Il n'aura pas su refuser.

Au sujet du Consul Le Brun, il faut que je rallonge ma lettre, de quelques lignes, qui pourront, Madame, vous intéresser.

Vous avez vu, en Suisse, l'année dernière, un Seigneur Français de l'ancienne Cour, dont vous m'avez parue très-satisfaite, aussi bien que de ses deux filles, vieillies dans les angoisses et les adversités. Je parle de M. le Duc de Noailles, ancien Duc d'Ayén, beau-père de notre Général Lafayette.

Il possédait, avant la révolution, d'immenses domaines et les plus éminentes dignités. Durant son exil, tout a péri. Il n'a retrouvé que l'Hôtel et jardin, rue Saint-Honoré : objets non vendus, comme par miracle. Il s'est adressé au Monarque, et lui a dit : *Rendez - moi, je vous prie, l'ancienne demeure de mes Aïeux :* C'est tout ce qui me reste dans ma patrie. — « Mais le Duc

« de Plaisance l'habite, » a répondu le Roi. — « Qu'est-ce que c'est que le Duc de Plaisance, » a repris M. de Noailles ? — « Mais c'est Le Brun, » a ajouté le Roi, « le Traducteur de la *Jérusalem délivrée*. — « Ah, Sire, » reprit le gentilhomme, « que ce Traducteur me DÉLIVRE de sa présence : « Je loge en Hôtel-garni. » — *Allez-le trouver,* a dit le Roi ; *mais parlez-lui honnêtement, je vous y engage : Évitez de me brouiller avec eux.*

L'Architrésorier Le Brun, qui est un vieux rusé, a fort bien reçu l'Homme de l'ancien régime ; mais, de prétexte en prétexte, de supercherie en supercherie, il a été cinq ou six mois encore sans déguerpir.

Le Duc de Noailles était au supplice, car il avait secrettement traité de sa riche demeure avec le lord Egerton, qui lui en donnait seize cent mille francs.

Au moment où M. Le Brun consentait à laisser enfin la place vuide, Bonaparte a mis pied à terre chez nous !!! Voilà le mylord épouvanté ; voilà le marché rompu ; voilà M. de Noailles inconsolable. Cependant, la négociation s'est renouée. L'extrême désir d'acheter a touché la main à l'extrême désir de vendre. Mylord a dit *qu'il courrait les chances,* et il n'a plus donné que huit cent mille francs du superbe Hôtel.

On a traité. On a signé. Le Duc de Noailles et d'Ayén, laissant là, pour toujours, l'horrible France et la pairie, est allé s'acheter, en Suisse, pour huit cent mille francs de terrains; et comme toutes choses sont relatives, ici-bas, ce Seigneur a recouvré l'opulence.

Je vous prie, Madame, de vouloir bien faire remettre l'incluse, après l'avoir cachetée : Les personnes à qui je l'adresse doivent être en peine de moi. Je suis toujours, etc.

<hr>

LETTRE QUINZIÈME.

A la Même.

Londres, mai 1815.

Tranquillisez-vous, Madame, sur le sort de Mme Louise. Cette excellente princesse est arrivée saine et sauve en Angleterre, avec ses bonnes Religieuses, qui ne sauraient l'abandonner. Elles ont obtenu, à quelques milles de Londres, une Habitation parfaitement convenable, où elles ont repris leur costume, leurs occupations et tous leurs exercices de piété. L'abbé Dastros, que

Bonaparte avait mis à Vincennes, a préféré les États d'un Roi luthérien à ceux de cet *Empereur catholique,* et Mme Louise l'a pris pour son Chapelain Aumonier. Cette protection est venue pour lui, fort à propos : Car les Douaniers Anglais, gens de fort-mauvaise composition, l'avaient réduit à la plus lamentable détresse. S'étant mis à fouiller sa malle, quand il arriva sur les bords de la mer, ils y aperçurent avec déplaisir les soutanes, les bréviaires, les surplis et les autres insignes d'un grand - vicaire *papiste.* M. Dastros, n'écoutant que son zèle, osa contester rudement avec eux, au lieu de les fléchir par adresse, douceur et complaisance. Les Renégats, peu contenus par son éloquence, qui est nulle, et par son extérieur, qui manque de dignité, feignirent que ces sortes de vêtemens étaient contrebande, et ils les jetèrent à la mer. Ils firent plus encore, Madame : Ils regardèrent sans doute comme fausse monnaie un sac de sept cents francs, dont M. Dastros se faisait suivre, et ils jetèrent ce pauvre argent-là, on ne sait où.

M. Dastros, dans le dernier dénûment, alla se présenter à M. l'Evêque d'Uzès, chef suprême de tout le Clergé-Français en émigration. Il lui demanda *des pouvoirs,* qui sont une *Autorisation à pouvoir dire,* chaque jour, sa messe.

L'Evêque, prenant le ton le plus sévère, les lui refusa; et comme M. l'abbé lui représentait les mauvais traitemens de Bonaparte, son persécuteur : *Vous n'avez pas toujours été brouillés,* lui répondit le prélat; et ouvrant aussitôt l'un des cartons de sa bibliothèque, il y prit un Mandement signé DASTROS, où Napoléon, assassin d'un Condé, était appelé *l'Oint du Seigneur et le glorieux Sauveur de la France...* L'Evêque ne se tenait pas, d'indignation.

Peu de jours après cette scène, M. Dastros est venu faire visite à mon libraire de Paris, chez lequel j'ai pris logement. Nous l'avons retenu à déjeûner, et je lui ai promis mes bons offices. En effet, j'ai plaidé sa cause avec le zèle que la compassion inspire, et M. d'Uzès a fini par accorder *les pouvoirs.*

Je vous annonce, Madame, l'arrivée en ce pays-ci, du fameux abbé Sicard, instituteur des Sourds-Muets. Il a voulu, aussi, mettre un vaste Océan entre cet Empereur d'airain et sa vieille et fragile personne.

Condamné à mort, sous le régime impérial, et sauvé seulement, alors, *comme instituteur nécessaire,* il ne dormait ni nuit ni jour, depuis le débarquement de son ennemi. Protégé par le Duc d'Otrante, ministre actuel de la police, il a été pourvu de passe-ports secrets; on lui a permis d'emmener trois de ses principaux Elèves; et le voici en Angleterre, comme une sorte d'Opérateur et de grand Naturaliste, qui vient communiquer sa belle méthode et son secret.

L'abbé Sicard est ma connaissance de vingt années. Nous nous sommes revus avec plaisir; mais il n'a pas trop su m'expliquer les facilités de son voyage, et ce paisible embarquement, malgré l'embargo. Son âge de quatre-vingts ans le met à ma disposition : Je ne tarderai pas à démêler cette aventure.

En attendant, je m'aperçois qu'il fait une dépense effroyable. Il s'est donné, dès le premier jour, un magnifique logement de premier étage, sur la place Betfort, dans les beaux quartiers. Sa table est divinement servie. Il a voiture, et secrétaire : C'est un petit Ambassadeur.

Les journaux viennent d'annoncer son arrivée. Il a retenu, à Argaïl-Rooms, une grande et belle salle publique pour ses séances. Les Billets seront de 25 et de 12 francs-dix. Il commence aujourd'hui ses invitations.

A voir l'activité de ce pauvre vieillard, vous diriez qu'il possède un ou deux brevets de centenaire; à voir toutes les croix et cordons qui font comme un étalage sur son estomac, vous le prendriez pour un Suédois, pour un Russe, pour un homme du Virtemberg, et surtout pour un insensé, qui croit à ces fariboles.

Il m'a demandé avec empressement, et avant toutes choses, si j'avais été *présenté :* Je lui ai dit que MM. d'Uzès, de la Châtre et de la Tour le voulant ainsi, je devais être présenté, dimanche. Le bon abbé a tressailli, à cette nouvelle; et il m'a supplié de faire toutes les démarches possibles, afin que sa présentation ait lieu ce même jour-là, pour être aussitôt consignée dans les papiers publics. Il y a urgence.

Je vous dois, Madame, bien des remercîmens pour la bonté que vous avez eue d'aller voir ma chère Nièce dans son Pensionnat, qui est fort loin. Je lui avais promis cette consolation, la veille de mon départ; et rien ne peut exprimer la reconnaissance que m'inspire cette bonté que vous avez, de me remplacer auprès d'elle. Un jour, elle vous donnera des marques aimables de sa reconnaissance particulière : Car Dieu lui a fait un excellent cœur.

Je me dis, etc.

LETTRE SEIZIÈME.

A la Même.

Londres, mai 1815.

Je ne vous donnerai point, Madame, une description détaillée du palais de Windsor et de ses jardins : J'aime mieux vous parler de l'intéressante Famille qui l'habite. Le malheureux Roi Georges, atteint d'une aliénation mentale, qui après s'être dissipée, l'a de nouveau repris et subjugué, vit solitaire dans cette vaste résidence, où la Reine son Epouse et ses filles l'environnent des soins les plus tendres et les plus assidus. Ce Monarque eut à se reprocher, d'abord, de n'avoir pas contrarié, comme on le pouvait, l'effrayante Révolution commencée par Louis XVI. Il vit, pour ainsi dire, avec plaisir, la faute essentielle de ce prince, et jugea que le moment était venu où le Fauteur de l'indépendance Américaine allait essayer de son propre système, et tâter de l'indépendance, ou des indépendans.

Il se réjouit, en sa qualité d'Anglais, lorsqu'il vit un Monarque mi-absolu se dépouiller de son pouvoir incontesté, pour en gratifier le peuple, malgré le peuple. Mais lorsque cette imprudente innovation commença de porter ses fruits, lorsque les donataires ingrats se lancèrent en armes dans le palais du donateur, et furent désespérés de n'avoir pu égorger son Epouse, alors le Roi Georges comprit que la cause de Louis XVI devenait la cause générale des Rois ; et, devant ceux qui débitaient gaiement d'aussi terribles nouvelles, il dit : *Messieurs, Messieurs, ceci nous regarde : Il sera tems bientôt de crier au feu.*

A la mort de Louis XVI, il prit le deuil; et ne put retenir ses larmes quand on lui dit que sa triste Veuve, abandonnée de la nature entière, venait d'être menée au supplice sur un tombereau.

Le Ministre Pitt, ennemi furibond de la France, pouvait et ne voulut point s'opposer à cette lamentable tragédie : Le Roi Georges le prit en horreur.

Les uns attribuent son infirmité actuelle à une invariable disposition de famille, les autres à l'excès des bains sulfureux. C'est un grand malheur que la souffrance d'un si honnête homme, dont la sagesse auguste le faisait comparer au grand Salomon !

Le Régent actuel, son fils aîné, lui a causé de violens chagrins : D'abord, par les scandales de sa jeunesse, et ensuite par les afflictions dont il accable son Epouse, nièce chérie du Roi.

Ce prince aimait, jusqu'à la tendresse la plus excessive, et eut le malheur de perdre, son élégante et bonne Amélie, la plus jeune de ses nombreux enfans, celle qui, par une douce conformité de sentimens et d'humeur, ne trouvait de satisfaction et de contentement que dans la société de son père.

Musicienne consommée, elle charmait ses douleurs ou ses ennuis, par les doux accens de sa voix et les touchans accords de sa harpe sonore.

Elle mourut !!! il la pleura, jusqu'à l'épuisement des larmes. Il souhaita d'aller la rejoindre, et son vœu ne fut pas exaucé.

Tous nos Emigrés vénèrent son Nom. Hélas ! il appréciait leurs travaux, leurs nobles sentimens, leurs impayables sacrifices. S'il les rencontrait, sur son passage, dans le grand parc de Saint-James, qui se lie à ses jardins, il les saluait avec une estime respectueuse, et disait, en les désignant : *Sublimes et touchans modèles de fidélité! Que Celui qui peut tout vous soit favorable!*

La Reine son épouse et les princesses portent un assez vif intérêt à la Fille de Louis XVI, et ne se bornent pas à des démonstrations. Notre pauvre Exilée leur a présenté ses hommages, et on se voit de tems en tems. MADAME voit aussi, quelquefois, la jeune princesse Charlotte, Fille unique du Régent, et présomptive-Héritière de la Couronne. Mais elle n'a point vu son intéressante Mère : A cause du Mari, qu'il faut ménager, puisqu'il peut tout.

La princesse Charlotte est une grande et belle personne, douée de grâces et de talens. Elle a pour son père le dévoûment qui lui est dû, mais, en dépit des circonstances, elle chérit sa Mère, et sait mettre de côté toutes les entraves qu'on cherche à lui imposer ou opposer. Elle est convaincue de son innocence en tout : Et sans accuser son père de barbarie, elle témoigne pour celle qui lui donna la vie et les plus tendres soins, une noble compassion, unie à une vénération sans bornes.

Le peuple, qui ne l'ignore pas, prodigue ses bénédictions à la jeune et charmante princesse, toutes les fois qu'il l'aperçoit.

Adieu, Madame..., etc.

LETTRE DIX-SEPTIÈME.

A la Même.

Londres, mai 1815.

Vous me demandez, Madame, s'il y a long-tems que nos Bourbons ont obtenu, en Angle-terre, la protection manifeste du Gouvernement, et en quoi consiste, d'abord, cette protection. Hier, précisément, on me racontait, dans une grande Maison, toutes ces circonstances.

Il paraît que M. le Comte d'Artois, peu de tems après les échecs de Suvarow, se rendit à Londres, et qu'il eut permission d'y séjourner, quelques mois, sous le voile apparent de l'incognito. Alors, le Gouvernement ne faisait rien pour lui, et ses ressources étaient peu considérables.

On lui parla du pensionnat distingué qu'une Emigrée Française avait formé à Londres, et il sut que cette Dame était la propre sœur de ce magnifique abbé de la Marche, autrefois l'un de ses Aumôniers à Versailles, et puis Evêque de Saint-Pol-de-Léon. Il se transporta chez elle.

« Madame, lui dit-il, vous voyez une des

« grandes victimes des destinées, un Homme
« tombé du faîte des prospérités humaines, dans
« les amertumes et les vives tristesses de l'ad-
« versité. Fils du meilleur des princes, et moi-
« même connu dans le monde, pour posséder un
« assez bon naturel, on m'a voulu faire une ré-
« putation de perversité, que ma vie entière dé-
« savoue. J'apprends, Madame, que l'aimable
« Evêque de Léon fut votre Frère. A ce titre,
« vous aurez pour moi quelque bienveillance?...
« Je suis le malheureux Comte d'Artois. »

Mme la Comtesse du Quéngo ne put retenir
ses larmes. Elle sut trouver dans sa vive émotion
et dans tous ses souvenirs de Cour et de famille,
ces expressions ravissantes qui sont l'éloquence
de l'âme, et le véritable baûme du cœur. Elle
apprit au Comte d'Artois que, dans sa propre
infortune et dans son veuvage, elle avait pris la
résolution de consacrer ses talens acquis et ses
moyens, à l'éducation de la jeunesse anglaise :
« Mes pensionnaires, ajouta-t-elle, sont de deux
« sortes : Les riches Anglaises font la prospérité
« de mon Etablissement ; et de l'abondance que
« ces demoiselles me procurent, j'entretiens, à
« côté d'elles, les filles de nos émigrés mal-
« heureux. »

Mme du Quéngo pria Monsieur de regarder

sa maison comme la sienne, et eut le plaisir de l'avoir, de tems en tems, à dîner.

Un jour, ayant eu la pensée que le valet de chambre da Son Altesse n'avait peut-être pas l'habileté nécessaire (pour l'entretien du linge, sur-tout), la Comtesse fit consentir le prince à lui confier à elle, ces petits détails; de sorte que, par les femmes de sa propre lingerie, elle fit rétablir ou renouveler tout ce qui manquait ou allait manquer.

Mlle Léontine du Quéngo, aimable et jeune enfant, divertissait le prince par la gentillesse de son esprit; et comme elle parlait déjà l'Anglais, en perfection, elle servait quelquefois de précepteur à l'illustre Ami de sa famille.

Lorsque l'Angleterre et la Russie furent enfin d'accord sur le grand point capital, le Gouvernement Anglais accueillit *ostensiblement* la Famille Royale de France; et le Prétendant habita le château d'Hartwel, jolie propriété du Commodore Sydnéy-Smith.

Au jour convenu, les Princes Anglais, feignant une partie de chasse, se rendirent à la maison de campagne de Messieurs de Condé, qui avaient, comme par hasard, réuni, ce jour-là, tous nos princes. Et voilà comment la concorde et l'union furent jurées entre deux Maisons Royales, qui,

jusqu'alors, s'étaient fait tant de mal, sans nécessité.

Le désir d'abattre Napoléon venait d'éteindre
toutes les anciennes jalousies et d'applanir toutes
les difficultés nationales et Européennes. Ah,
Madame, la paix de l'univers est, bien évidemment, entre les mains des Rois : Si ces grands
personnages voulaient ne pas se nuire les uns
aux autres, la Paix redescendrait du Ciel, pour
toujours. Mais quoique la Discorde soit horrible-
ment laide, ils ont pour elle plus de penchant,
qu'ils n'ont de tendresse pour la Paix, malgré sa
beauté surnaturelle.

LETTRE DIX-HUITIÈME.

A la Même.

Londres, mai 1815.

C'EST une chose étrange, Madame, que la fu-
tilité générale des esprits, même chez ces Anglais, où l'on croirait que le bon sens et la sage
réflexion se sont établis et fixés, par préférence !
Il n'en est rien, je vous assure : Leur réputation

de *profondeur* est un renom à peu près usurpé. L'on est fou, ici, comme ailleurs : Mais seulement, avec un peu plus de cérémonial et de pé danterie.

Dans une maison, où je fus retenu, hier, à dîner, un Evêque Anglican déclarait, sur le ton des oracles, que la Monarchie de Louis XIV n'a croulé ni par l'exemple funeste des Etats-Unis d'Amérique, ni par la téméraire innovation de Louis XVI, en ses Etats-Généraux de 89 : Mais *par la seule et irrésistible nécessité des choses.* « Le Gouvernement de la France, » disait froidement ce prélat Luthérien, « était *vermoulu,* « de longue existence et d'abus ; nul génie, nul « effort humain ne l'eût soutenu quelques an- « nées encore : Il s'est affaissé sur lui - même, « d'épuisement et de vétusté. »

De pareilles assertions n'étant que des mots tranchans, dictés par la haine et la malveillance, je me suis contenté d'observer à *Sa Révérence,* (comme on les appelle ici), que notre Ministère de 1787, pour arriver à son but pernicieux, fut obligé de corrompre l'opinion et d'échauffer les intérêts, vingt-cinq mois durant, par toute sorte de libelles ; et qu'après tous ces criminels efforts, voyant ses tentatives encore incertaines, il fut réduit à mettre au Timon un banquier Calviniste pour, de sa main impitoyable, frapper le dernier coup d'assommoir.

« Ce n'est pas, ajoutai-je, Messieurs, un ma-
« lade bien-languissant et bien-débile, que ce-
« lui-là qu'il faut abattre et assommer, pour en
« finir. »

Une faible portion de la galerie fut pour moi :
Les autres me firent l'honneur de m'assurer que
le Révérend prélat en savait long, et que personne mieux que lui ne connaissait l'état passé,
présent et futur « de la pauvre France. »

« Mylord, dis-je à l'Evêque, les grands Etats,
« organisés depuis des siècles, ne sont pas *ve-*
« *tustes,* de cela qu'ils sont vieux : Il y a, chez
« eux, comme chez les humains, des vigueurs
« séculaires. La Ligue, sous Henri III et sous
« Henri IV, fut à deux pas de nous mettre en
« République. Et la France pouvait, aussi, pé-
« rir, à la minorité de Louis XIV, si Marie
« Lekzinska, ou toute autre Reine sans carac-
« tère, eût occupé le trône, en ces momens-là.
« Au reste, Dieu veuille avoir pitié de votre
« Angleterre, qui n'est guères plus jeune que sa
« voisine du Continent ! Elle a beau posséder une
« Constitution, réputée avantageuse, habile, forte
« et robuste en ses élémens : Je la tiens *ver-*
« *moulue et vétuste* comme la nôtre, s'il vous

« vient jamais un Roi à la vue courte, au vou-
« loir opiniâtre, qui éprouve le besoin de mor-
« tifier sa Noblesse, et de mettre son Clergé
« sous la dépendance du traitement, pour avoir
« ses biens. »

— JAMAIS, Monsieur ! JAMAIS ! s'écria le prélat, avec vivacité. Et l'on s'occupa d'autre chose,
car je ne répliquai pas.

Dans une autre maison, l'on m'assurait, il y
a peu de jours, que *l'Impératrice Joéphine* était
morte *empoisonnee;* et ce crime, on l'attribuait
effrontément aux Princes rétablis. L'absurdité
d'un pareil bruit me semblait convenir, tout au
plus, à la populace des halles; mais dans un
salon, à riche tapis des Indes, il me parut trop
choquant et trop déplacé. Je le combattis : par
esprit de vérité, par honneur national, et par
conscience.

« Monsieur, » dis-je au pétulant Baronnet, »
pour qu'un grand crime vienne à la pensée de
quelqu'un, il ne suffit pas que ce crime lui
soit possible, il faut encore qu'il lui soit avan-
tageux. De quel avantage pouvait-être, je vous
prie, aux Bourbons, le trépas d'une femme
sans importance individuelle, sans génie, sans
crédit, et j'ose ajouter sans amis marquans et
redoutables ?

« J'ai eu l'avantage de connaître, un moment, à Evreux, cette *Impératrice,* répudiée et exilée, qui souhaitait pouvoir laisser des Mémoires de sa vie, et qui me remit et me dicta beaucoup de Notes à cet effet. Elle n'était ni d'une modestie séraphique, ni d'une ambition dépravée et sans frein. Elle se laissa couronner, par condescendance, plus encore que par vanité; et aussi, pour n'être pas *répudiée* avant l'heure.

« Pénétrante, au milieu de son indolence Créole, elle prévoyait depuis long-tems, cet affront. Elle y fut très-sensible lorsqu'il éclata : Et ce ne pouvait être guère autrement, puisqu'elle était femme. Peu à peu, elle recouvra sa sérénité; et dans ce château forestier de Navarre, où on l'avait mise, elle se disait souvent, tout bas: *C'est à l'Autrichienne, maintenant, à souffrir ses grossièretés, et à convoiter ma disgrâce, et mon Vieux-Sérail, couvert de hiboux.*

— « Vous concevez, Messieurs, ajoutai-je, qu'avec de pareils souvenirs, et de pareils sentimens, Joséphine de Beauharnais ne pouvait être, pour les Bourbons, une ennemie bien à craindre.

« Non seulement le Roi ne lui gardait point rancune de sa Souveraineté momentanée, mais il lui voulait personnellement tout le bien possible, et il désira lui en donner l'assurance, de vive voix.

« Sur sa gracieuse invitation, écrite de sa main, elle se transporta, un jour, au château des Tuileries, et monta, couverte d'un voile, par le petit escalier de Médicis.

« Madame, lui dit le Monarque en l'apercevant, ne parlons pas des injustices que chacun de nous a souffertes : Et réjouissons - nous, au contraire, d'avoir retrouvé, contre tout espoir, vous votre indépendance, et moi des assujétissemens plus dignes de mon étoile et de mes vœux.

« On vous retira le titre d'Epouse; mais le doux Nom de Mère ne vous fut point ravi. Je désire faire le bonheur du Fils que vous chérissez; et votre bon esprit va m'aider en ce grand ouvrage. Eugène fut le Vice-Roi d'un sanguinaire Usurpateur : Je veux qu'il devienne le premier Favori d'un Roi légitime ; du Roi de son père et de ses aïeux. Dites-lui, s'il vous plaît, Madame, que je lui offre le bâton de Maréchal de France, le Cordon bleu, le gouvernement d'une vaste province, et un riche apanage, convenu entre lui, vous et moi. »

« Mme de Beauharnais, attendrie, ploya un genou, et prit la main du Roi, pour y appliquer un baiser.

« De retour à la Malmaison, Elle crut réjouir son Fils, en lui apprenant le succès inoui de son voyage : Elle ne reçut de lui que des reproches maussades et des signes de mécontentement.

— « Un Vice-Roi ne pouvait descendre à la « simple qualité de Gouverneur! Un Fils-Adoptif « d'Empereur et Roi ne pouvait s'abaisser aux « fonctions de petit Maréchal de France! »

« Cette bonne Mère eut beau prier, supplier : dans l'intérêt de son enfant; dans son intérêt à elle-même : L'orgueil étouffa la nature ; Eugène fut inflexible et refusa tout.

« *Que voulez-vous donc devenir,* lui dit Joséphine éplorée!!... — *J'irai planter des choux,* répondit-il avec misantropie et résolution. Elle pleura beaucoup.

« En apprenant ce fâchenx résultat, le Roi offrit l'Epée de Connétable. — Nouvelle impolitesse : Et toujours *des choux* à planter.

« Peu de jours après ces agitations domestiques et diplomatiques, Joséphine reçut, à Malmaison, la visite de l'Empereur Alexandre, dépêché secrettement par notre Roi, et pour le même objet du jeune déserteur, qu'on voulait ramener.

« Le Monarque Russe, évitant les écoutes des Cabinets, retint Joséphine trop long-tems sur les pelouses printanières. Elle était vêtue en femme coquette ; elle sentit les frissons, et ne se plaignit pas. (Alexandre la tuait, en la cajolant, parmi les fleurs.)

« Rentrée, à la nuit, dans sa chambre, elle ordonna vîte un grand feu d'hiver : Il n'était plus tems ! Son esquinancie (sa maladie fréquente) s'envenima. Son joli pied refusa les mordans et les sinapismes, et ne les permit qu'en agonisant.

« Voilà, Messieurs, la véritable mort de *l'Impératrice Joséphine*. La raconter différemment, c'est n'avoir connu ni ses rapports intimes avec le vieux Roi ; ni le besoin que les Bourbons avaient alors de sa présence conciliatrice ; ni l'extrême désir qu'elle-même ressentait de jouer encore un rôle de considération, au sein de la capitale ; ni la nature de sa santé fluxionnaire et délicate ; ni la maladroite séance de l'Empereur moscovite ; ni les regrets affligés que ce prince en témoigna.

« Mais il était écrit qu'elle devait mourir par un Empereur : Et elle en est morte.

« Adieu, Madame. Je crains que ces deux récits ne m'aient fait manquer le courrier, ou pour mieux dire, les dépêches de l'Ambassade. Je m'arrête donc ; et je me dis toujours bien sincèrement tout à vous, etc. »

LETTRE DIX-NEUVIÈME.

A la Même.

Londres, le

Oui, Madame, M. le Duc d'Orléans se trouve à Londres, en même tems que la Fille de Louis XVI. Le prince y étant avec son épouse (qui est la propre Cousine-germaine de MADAME), les deux Familles se voient, mais peu.

M. le Comte de la Châtre me racontait, ces jours-ci, des particularités, d'après lesquelles il est facile de voir que MADAME est bonne, mais peu liante; et par-dessus tout, peu susceptible d'être abusée, en fait d'amitié. Les anciens ressentimens, dont elle fut, il y a vingt-cinq années, la célèbre et triste victime, sont toujours présens à son esprit. Elle reçoit les prévenances de son Cousin comme des politesses, comme des hommages de position : Mais rien ne lui persuaderait que le retour vient d'entière affection ou de bonhomie : Elle croit voir deux armées toujours en présence; et les épanchemens maternels, reçus sous les voûtes du Temple, oppresseront toujours son faible cœur. Ce n'est pas les Français qu'elle redoute : C'est un Français.

M. le Duc d'Orléans, il faut en convenir, fait tout ce qui dépend de lui pour la dissuader. Dans quelques lieux publics, des orateurs inconsidérés montèrent, ces jours derniers, sur les tables, et, à froid ou à chaud, dirent que la France ne pouvait être sauvée que par le génie de Talleyrand le diplomate, et la popularité du Duc d'Orléans.

Ces provocations ne tardèrent pas à être connues à l'Ambassade. Trois ou quatre jours après, on vit paraître dans les journaux une manière de protestation, faite au Nom du prince. Il s'y déclarait absolument étranger aux velléités des prétendus publicistes, et ajoutait, dans les termes les plus formels, que le Roi son oncle n'avait et n'aurait jamais de sujet plus fidèle que lui.

Cette Déclaration, que Madame a lue dans sa gazette, a paru lui faire plaisir; quoiqu'elle n'ait émis aucune réflexion à cet égard.

M. le duc d'Orléans possède une fort agréable Habitation, dans Londres : Une Habitation où règnent la propreté Anglaise et l'élégante simplicité du pays, mais qui paraît une imperceptible minutie, quand on a vu son palais-d'Orléans, et même ses anciennes Écuries de la rue Saint-Thomas-du-Louvre.

Il est vrai que la petite maison de Londres n'est qu'un pied-à terre : Il y en a une autre, beaucoup plus commode et plus étendue, une manière de château, qu'ils ont loué dans les champs, et où, d'ordinaire, on réside. (Son nom est Towiknam, si je ne me trompe.)

Au reste, le prince perdrait irrévocablement tout ce que vient de lui ressaisir Bonaparte, qu'il serait riche encore, et presqu'opulent. Son père avait placé de grands capitaux à l'étranger : le fils les retrouve. Et de plus, il a hérité de vastes domaines, situés dans le royaume de Hanovre, et qui sont d'un grand revenu.

Par la mort prématurée de MM. de Montpensier et de Beaujolais, ses deux frères, il devient seul possesseur de tout ce qui reste. Sa grande économie ne pourra qu'augmenter ses biens : On dit qu'il fait, ici, tous ses achats, lui-même.

Lorsque la princesse sa mère arriva d'Espagne, il y a onze mois, rien ne put la déterminer à rentrer dans le palais de son époux, qui lui rappelait de si lugubres catastrophes. Les instances de sa fille et de son fils demeurèrent inutiles : Elle a voulu jouir de ses biens et de sa liberté.

On a répandu sur M. de Folmont, son chancelier, de bien coupables calomnies. M. de Rouzét, avocat distingué, lui fut donné, jadis, *comme conseil,* dans la triste prison *des Carmes,* par le duc de Nivernais, leur ami commun et leur compagnon de captivité. M. de Rouzét conduisit la princesse bannie, en Espagne, et vendit son propre bien pour l'y assister. A qui donc pouvait-il paraître étonnant qu'une bonne et grande princesse, rentrant dans sa patrie et dans ses biens, témoignât sa juste reconnaissance à l'infatigable consolateur de ses longues traverses? En lui donnant le comté de Folmont et la direction suprême de ses affaires, Madame d'Orléans n'a fait que *payer une dette,* et ajouter des travaux immenses à tous les anciens travaux de l'émigration.

On a poussé la déraison jusqu'à supposer *un mariage secret* entre le comte de Folmont et la princesse : Et pour se permettre une si sotte calomnie, on a feint d'ignorer que Mme de Folmont est vivante; qu'elle habite le palais de la princesse ; qu'elle est sa première dame lectrice, et jouit de sa plus bienveillante amitié.

Permettez-moi de vous observer, Madame, que vous êtes dans l'erreur à l'égard de M. le duc d'Orléans. Ce n'est pas lui qui descend des légitimés de Louis-XIV ; c'est sa Mère. En effet, elle a eu pour père ce beau duc de Penthièvre, dont les auteurs firent une demoiselle de Noailles et le comte de Toulouse, fils de Louis-XIV et de Madame de Montespan.

Bonaparte, ayant cédé le vaste hôtel de Toulouse à la Banque de France, le Roi a donné en échange à Mme la Douairière l'hôtel de Nivernais, rue de Tournon.

J'ai vu dans les journaux que cette bonne princesse, venant en visite chez Mme de Duras (née Noailles et sa cousine), eut le malheur de se rompre la jambe. Napoléon, n'osant la chasser, avant sa guérisson entière, lui a fait offrir *des secours*. Elle a répondu que s'il voulait bien ne pas lui enlever ce qui lui appartient, elle n'avait pas besoin de ses offrandes. Elle a écrit ici à une princesse, qui n'en garde point le secret : *Si l'on avait pendu, comme il le méritait, cet effronté* VOLEUR DE COURONNES, *nous n'éprouverions pas ce nouveau malheur.*

Tout le monde, ici, fait des vœux pour que sa chûte languisse, et lui laisse le tems d'attendre la chûte de l'usurpateur.

P. S. Mandez-moi, Madame, s'il est vrai que Mme Lætitia se soit réinstallée dans le superbe Hôtel de Brienne, et Lucien dans les appartemens du palais-Royal, où il boit et fait boire les vins exquis du duc d'Orléans.

On assure que le cardinal Fésch, n'osant

compter sur un plein succès, a fait emballer nos petits tableaux du Musée. Un de ses émissaires est venu vendre, ici, des pierres-gravées, des médailles et toute sorte de jolis butins. Et ce qu'il y a de plus curieux en tout cela, c'est que l'émissaire de Son Eminence s'est logé précisément dans la maison (Margarét-Stréet) où logea le fameux comte de la Mothe, lorsqu'il vint dépecer et vendre, en cette ville, le Collier que le cardinal de Rohan croyait en tout autres lieux, en tout autres mains. Ce cardinal-là ne fut qu'une dupe : Et celui-ci n'est qu'un fripon.

LETTRE VINGTIÈME.

A la Même.

Londres, le

Vous n'aimez point, Madame, *les vertus* du roi d'Angleterre; et de cela seul que ce prince descend *d'un usurpateur,* vous le dédaignez. « Que Bonaparte, ajoutez-vous, parvienne à se « consolider sur son trône, et ses descendans, un « jour, compteront, ou pourront compter, aussi, « parmi les bons Rois. »

Votre réflexion est pleine de justesse. Mais que faire!... Les Anglais en sont venus là. Leurs Ancêtres, voulant assurer, chez les spoliateurs, les domaines pris violemment à la religion catholique, chassèrent du trône Jacques-Stuart, prince religieux, et mirent son sceptre aux mains d'un Brunswik, prince moins timoré, qui se chargea de défendre et de maintenir la spoliation de l'Eglise.

Ouvrez l'Histoire de toutes les Révolutions qui agitèrent le monde : Vous leur trouverez toujours, pour prétexte, *le bonheur du peuple,* et pour véritable cause, quelque noir et condamnable intérêt.

Le comte de Provence (Louis-XVIII) a perdu sa Compagne en Angleterre, et non en Russie, comme vous le supposiez, Madame. Cette princesse, autrefois gaie ou plutôt joviale, avait prodigieusement changé de caractère et d'humeur. Liée par le destin à un homme égoïste et dur qui, jamais, n'eut la moindre amitié pour elle, Madame de Provence dissimulait ses ennuis, à Versailles, où, du moins, elle avait, pour confidente et consolatrice, la comtesse d'Artois sa jeune sœur. L'émigration les sépara, pour ne plus se revoir : Mme de Provence eut à suivre son époux dans tous les royaumes. Sa santé, jadis si robuste, se détruisit par les chagrins : Et le plus grand de tous ces chagrins était l'inévitable présence d'un mortel à qui, sciemment et sans balancer, elle attribuait tous les malheurs du monde. Elle savait ses menées, ses intrigues plus ou moins ténébreuses, pour saisir le pouvoir; ses mauvais conseils donnés à un Roi faible et sans expérience; sa haine jalouse contre une aimable Reine; sa criminelle Protestation contre la légitimité de ses enfans; ses clandestines relations avec d'André, avec Chapelier, avec Montesquiou, avec Cérutti, avec Mirabeau. Elle savait ce qu'ensuite il trama pour la destruction de ce Mirabeau lorsque, désertant ses perfides projets, l'Orateur vénal se fut donné à Marie-Antoinette. Enfin, la comtesse de Provence avait vu son mari faire échouer le généreux voyage de Varennes, par des Avis donnés au Dehors. Et, plus tard, sa respectable sollicitude avait découvert une homicide correspondance avec Robespierre et d'autres assassins du Roi !!!

Son sang, bouleversé par tant d'émotions et de secousses, tournait visiblement à la décomposition finale. Lorsque, de Mittau, il fallut venir en Angleterre, on eut toutes les peines du monde à lui faire consentir ce passage, et puis à la retirer du vaisseau.

Le comte de Lille, reconnu Roi par le Souverain, exigeait qu'en sa Maison tout respirât la grandeur du rang et l'étiquette des couronnes : Marie-Joséphine, étrangère aux grandeurs et bientôt à la vie, demandait grâce, et ne put l'obtenir.

Il y eut, pour son époux, un COURONNEMENT d'apparat, qu'on lui fit subir à elle-même ; et son hydropisie était déjà si-avancée, qu'on ne put venir à bout de la lacer, ni de passer aux fers ses cheveux amortis.

Après ce couronnement douloureux, elle empira, d'une manière effrayante. *Quelle Reine,* s'écriait-elle naïvement, lorsqu'on l'appelait MAJESTÉ ; *quelle Reine, après celle que vous avez vue à Versailles !* CELLE-LA *était née pour une si-belle place... Mais on l'a calomniée, pour lui ôter son peuple, et pour la tuer !*

Et en disant ces vérités dures, devant son époux, elle soupirait et fondait en larmes.

Le Roi n'en venait pas moins, tous les jours, dans sa chambre. Là, s'informant de ses nuits avec sollicitude, il indiquait aux médecins quelque remède, ou palliatif, « que sa mémoire lui « rappelait, disait-il, et dont il avait vu des pro- « diges. » La malade agitait alors sa tête, et n'en voulait pas.

L'ayant, un jour, aperçu qui découvrait une bouillote, elle poussa un cri, et dit à Mme de Gourbillon, sa tendre amie : *Chère marquise, ayez l'œil à mes cafetières, et commencez par jeter celle là.*

Quelques instans avant de mourir, elle embrassa la marquise, et lui dit en soupirant : « Il « ne peut vous souffrir, de cela que vous m'ai- « mez et que je vous aime. Recevez le peu que « je possède en ce monde, et faites prier Dieu « pour moi. »

La marquise, s'étant retirée à Londres, acheta la petite maison (de Titch-field-Street), où le sort a voulu qu'aujourd'hui j'occupe une chambre. Elle revendit ensuite cette jolie maison à une Catholique irlandaise, qu'elle estimait parce qu'elle le mérite, et qui sait toutes les choses les plus secrètes du triste château d'Hartwel.

Adieu, Madame; ménagez-vous, s'il vous plaît.

LETTRE VINGT-UNIÈME.

A la Même.

Londres, le   1815.

La Vendée, quoique sévèrement traitée par Louis-XVIII, dans les huit ou neuf mois qui viennent de s'écouler, consentirait à se prononcer une seconde fois pour sa cause; mais elle demande que le comte d'Artois ou le duc de Berri vienne y prendre le commandement, puisqu'après tout, c'est leur affaire. Le vieux Roi n'y consent point : Donnant pour raison que sa Famille *doit éviter de se compromettre aux yeux des patriotes. — Laissons à d'autres le rôle odieux,* dit le Roi. *Il ne faut pas que ces gens-là puissent nous reprocher, individuellement, une seule goutte de sang répandue.*

A son compte, c'est aux Emigrés à prendre le *rôle odieux;* et c'est à lui tout seul d'en percevoir le bénéfice.

On assure que le Fils Aîné du comte d'Artois, après avoir couru des risques dans les environs du Pont-Saint-Esprit, a réussi, par les soins de M. de Damas, à pénétrer jusqu'en Espagne.

Ce prince ne manque assurément pas de bravoure : Mais il n'a ni le coup d'œil, ni le génie entreprenant : Et c'est là, cependant, le point nécessaire. On aimerait mieux le voir paisible Cardinal de Bourbon, que prince tâtonier et irrésolu : Ce n'est pas la modestie et la douceur qui sauvent les Empires ; surtout dans les temps où nous voici.

Ce que vous avez pris la peine de me mander, touchant la grande cérémonie du *Champ de mai,* prouve qu'il ne manquera, de long-tems, à Paris, ni peintres décorateurs, ni habiles costumiers, ni poëtes à tout venant, ni citadins amoureux de spectacles. Cette *belle cérémonie* me prouve encore que Bonaparte, lecteur superficiel, ne lit ou ne voit dans notre Vieille Histoire que ce qui sourit à sa folle ambition. Mais que ne lit-il, plutôt, *les douze Césars* de Suétone, pour y réfléchir et méditer sur la triste fin de quelques uns d'entre eux ?

« *Quos perdere vult Jupiter, dementat.* »

« Et Jupiter, avant de perdre un homme,
« A grand soin qu'il perde l'esprit. »

Bonaparte, vaincu sous les murs de Paris, l'année dernière, s'avisa d'*abdiquer,* comme aurait fait un Souverain de race. Maintenant, il réunit au Champ de Mars, et au Champ de mai, quelques centaines d'individus à lui, qui viennent le proclamer de nouveau notre *Empereur,* au nom de la France muselée. Et cet homme, à qui l'on donnait quelqu'esprit, s'imagine fermer la bouche aux Souverains, moyennant cette jonglerie!... Madame, ni son *Champ de Mai,* ni son *Champ de Mars* ne le suivront à la bataille. Toutes ces acclamations emphatiques, payées de nos deniers, seront un bruit perdu, le jour du combat. Et si, par distraction, les soldats allaient lui crier *vive le Roi,* ce jour là même : Quel serait son étonnement!... Cela s'est pourtant vu, dans les anciens tems : Et rien ne ressemble aux anciens tems, comme les tems où nous sommes.

En fait de vicissitudes de la vie humaine, je veux, Madame, vous dire quelques mots, touchant un grand personnage, dont j'ai fait, ces jours-ci, la connaissance, et qui m'a fait l'honneur de s'inscrire sur la liste de mes amis. Napoléon et celui-là forment un assez grand contraste.

J'étais, lundi dernier, attentif à corriger une épreuve chez mon imprimeur français. Madame, en l'absence momentanée de son époux, vint me prier de passer au salon, où elle me présenta un Emigré, natif de Corse, lequel songeait à faire imprimer un petit manuscrit; et comme ce manuscrit était son ouvrage, il desirait qu'une main exercée voulût - bien en revoir, si - non le style, du moins l'indispensable rédaction. Mme Juigné dit à l'étranger : « Prince, je vous engage à vous « lier avec Monsieur : Sa complaisance vous ren- « dra volontiers ce service : Car mon mari ne « rentrera pas de si tôt. »

J'ai souscrit, en souriant, à la proposition qu'on venait de faire, sans me consulter; et l'intéressant vieillard m'a parlé en ces termes: «Vous voyez, Monsieur, le dernier, ou l'un des derniers descendans des Empereurs-Grecs de Constantinople et de Trébizonde. Je suis le malheureux prince Démétrius - Comnène, qui, né à Ajaccio (près du berceau de Napoléon), est aujourd'hui réduit à quitter de nouveau la France, parce que la colère de Napoléon, inflexible comme sa haine, ne saurait me pardonner d'avoir rendu à mes princes légitimes, des hommages que je lui ai constamment refusés.

« Mon Trisaïeul, sous Louis-XIV (et par les bontés de Louis - XIV), obtint une vaste concession dans l'île de Corse, appartenante alors aux Génois. Une sédition que l'envie excita contre nos Grecs et contre nous, dans cette Corse tumultueuse, nous força de quitter la campagne, et de nous retirer à Ajaccio.

« C'est là que j'ai vu l'enfance de Napoléon, et les violens débuts de ce naturel, qui préludaient aux désastres du monde. Indomptable dès le berceau, jamais il ne voulut obéir à sa mère. Combien de fois l'ai-je arraché de ses mains justement irritées ! Combien de fois l'ai-je vu la menacer du geste, et ne s'enfuir que parce qu'il n'était pas le plus fort !

« Quand les heures du chaos général et de toutes les ambitions sonnèrent, il s'aperçut bien que les hiérarchies de l'Etat tombaient en ruine, mais il ne se douta pas encore que le sceptre français roulerait et descendrait jusqu'à lui. Ce présomptueux, toutefois, rêva, dès-lors, une Couronne. Me voyant honoré, dans notre île, comme le descendant des Empereurs chrétiens de Constantinople, il projeta en lui-même le soulèvement général des Grecs ; Et voulant aller à eux, non seulement avec une épée, mais avec des titres, il me proposa de le reconnaître publiquement pour mon Cousin. Quel délire !

« Je lui refusai, alors ; et plus tard, et toujours : Incapable que je suis d'un mensonge.

« L'indignation publique a trop diffamé sa naissance : Il eut pour père un homme doux et modeste, à la mémoire duquel ses nombreux enfans n'ont jamais songé, parce qu'il mourut pauvre et simple Greffier du Conseil-supérieur de Corse.

« Le père de celui-là, l'aïeul, le bisaïeul furent regardés à Ajaccio comme Avocats ou Jurisconsultes. Mais aucun d'eux ne fut militaire : Et je n'ai jamais compris à quel titre, à quelle occasion le Comte de Marbœuf fit avoir la croix de Saint-Louis à M. Bonaparte, dont je viens de parler.

« Peut-être à cause de la Garde-Bourgeoise de l'île, où il entra, en effet, comme lieutenant. M. de Marbœuf, qui leur voulait du bien, leur donna de bons vignobles, pris aux jésuites; et ces demoiselles, ainsi que leur mère, en faisaient vendre les vins, dans la maison, patriarcalement.

« Hélas (ajouta le prince Démétrius)! pendant que toutes ces Majestés ou Altesses impériales et royales nagent dans l'opulence, ma pauvre épouse est cachée dans une ferme de Normandie, où on lui donne à soigner les pigeons; et moi, j'endure, dans cette moderne Babylone, tantôt le froid, tantôt la faim; sans compter les autres souffrances.

« S. A. le prince Régent, qui sait ma position, m'a promis une Audience de faveur, où je lui présenterai ma *Notice généalogique et histo-rique,* dont vous voyez le manuscrit. Elle est bien défectueuse. Si vous daignez en bannir les fautes que mon incapacité y a semées, vous me rendrez un grand service; un véritable service d'ami. »

Le prince Démétrius est la simplicité même. Son manuscrit n'étant que d'un petit nombre de pages, ce travail ne m'a demandé que deux ou trois heures, et nous l'avons fait imprimer aussitôt.

Quant au prince, voici son portrait. Avec un nom comme le sien, on pourrait avoir une taille plus élevée et des manières plus imposantes; mais ce défaut se trouve réparé ou compensé par la physionomie la plus calme et la plus bienveil-lante. Son nez aquilin, ses grands yeux bruns, taillés en amande, ses sourcils marqués et bien dessinés, rappellent les belles figures orientales : Il ne manque à tout cela qu'une manière de tur-ban, pour faire illusion.

Ce prince a laissé, dit-il, en France, deux frères, ses puinés, dont l'un est *l'abbé de Com-nène,* cher à tout le faubourg Saint-Germain. Voilà un nom que le Comité des Tuileries aurait bien pu inscrire dans sa liste épiscopale, au lieu d'y fourrer tant de Curés sans consistance, et tant d'Adorateurs de Baal.

LETTRE VINGT-DEUXIÈME.

A la Même.

Londres, le 18 avril 1815.

Madame,

Vous vous rappelez probablement ce jeune voyageur dont vous parlait une de mes lettres, ce jeune secrétaire du Comte d'Artois, qui, après avoir brûlé tous les papiers aux Tuileries, fut réduit à cheminer jusqu'à Dieppe sans passe-port.

Me voyant, alors, dans le même embarras que lui, j'eus recours au commissaire de police du port, lequel se trouva être un Libraire bienpensant. Il me fallut lui dire mon nom, au risque de me perdre. Mon nom lui rappela mon dernier ouvrage. Et en faveur de mon ouvrage, il m'accorda sa protection, qui était tout.

Le voyant homme d'honneur et plein d'humanité, je lui recommandai l'autre voyageur, « qui m'attendait tristement sur le rivage : » Il voulut le voir. Il apprit de sa bouche tout ce qu'il voulut apprendre; et, la nuit venue, il lui facilita aussi le départ.

Ce jeune homme, il y a quelques jours, me vint faire visite, par un zèle de reconnaissance. Il me vit terminant un manuscrit, et s'informa du contenu. Quand j'eus dit que j'y traitais *des véritables causes du retour de Napoléon en France,* il me pria, avec toutes les formules imaginables, de lui prêter cet ouvrage, *pour quelques instans,* afin de le communiquer à M. l'abbé de Latil, son protecteur et son parrain.

Je lui observai qu'un Libraire Anglais, très-empressé de paraître, m'avait demandé cette composition, comme on demanderait l'aumône, et que je tenais à me montrer ponctuel. Mais il fit succéder aux instances les prières; et j'eus la faiblesse de prêter mon manuscrit.

Il ne me le rapporta que le lendemain, assez tard : Et avec quelles observations, encore ! « M. de Latil me faisait supplier de livrer cet « écrit aux flammes, attendu que j'avais fait, « d'un bout à l'autre, *un vrai contre-sens.* Ce « n'étaient point les partisans de Napoléon qui « avaient ramené Napoléon sur nos bords : Toute « la faute en était aux Royalistes. — Aux « Royalistes, Monsieur !.... — Oui, Monsieur, « aux Royalistes. M. de Latil assure que le trop « vif désir qu'ils ont laissé voir de rentrer dans « leurs biens, a causé de l'inquiétude aux pos-

« sesseurs ; que certains Emigrés ont poussé l'im-
« prudence jusqu'à se montrer, de leur personne,
« dans les voisinages de leurs anciennes proprié-
« tés. Ces démonstrations ont aigri les esprits. La
« Famille Royale, soupçonnée d'aimer les uns
« plus que les autres, a été vue, aussitôt, de mau-
« vais œil : Et de là vient la catastrophe qui l'a
« reportée hors de France. »

— « S'il en est ainsi, Monsieur, répliquai-je
« au rapporteur officieux, veuillez dire à M. de
« Latil que, de tous les Royalistes et Emigrés, les
« plus odieux au parti sont nos princes eux-mêmes,
« PAR LE SEUL FAIT des crimes commis envers
« leur Famille, et de l'esprit de justice qu'on
« suppose en leur cœur. Si les Princes tiennent
« à donner toute garantie aux hommes dont vous
« me parlez, et à leur épargner jusqu'à la moindre
« alarme, ils doivent se résigner à ne plus jamais
« revoir leur patrie ; ni eux, ni leurs alentours,
« ni leurs amis de confiance, y compris M. l'abbé
« de Latil.

« A ces conditions, les Acquéreurs consenti-
« ront aisément à se dire tranquilles. Ils consen-
« tiront même à laisser vivre les Emigrés dans
« leur voisinage : Ce qui se pratiquait déjà dans
« nos provinces, dix ans avant *la Restauration*
« du Roi. » Telle a été ma réponse.

M. de Latil, sur terres étrangères, fut donné, comme *Secrétaire et Conseil,* à M. le Comte d'Artois, par la Comtesse de Polastron, amie du Prince, et belle-sœur, spirituelle autant que jolie, de la Duchesse de Polignac. L'abbé de Latil, dès la mort de sa protectrice, prit possession d'une confiance auguste, où il a su se maintenir, par une grande souplesse de caractère, et par toutes sortes de moyens. Le grand, le poli, l'aimable abbé d'Esparbés, quoiqu'aumônier du Prince, quoique parent de la Comtesse, fut sacrifié par l'abbé de Latil, aux yeux de qui c'est un grand crime que d'avoir le pas sur sa taille, sur ses talens, sur son mérite. Le soleil souffre des éclipses momentanées : L'abbé de Latil ne veut pas même s'y trouver exposé. On m'a mené voir sa jolie maison de Londres, où je remarquai le beau portrait du Comte d'Artois, jeune, fait par Danloux.

Il l'a acquise, cette maison, sous le nom de Mme *Lefèvre,* Anglaise, épouse de son valet de chambre. Et ce Lefèvre y a levé un café, à la Française, le seul qui soit encore à Londres, dans ce genre là. Il porte son nom.

Laissons cela, Madame. Je vais vous régaler d'une nouvelle assez curieuse. Elle vient de bon lieu. On sait, maintenant, à quoi s'en tenir sur la réapparition de Bonaparte; et voici qu'on explique cet événement comme vous le supposiez.

L'an dernier, le Roi et l'abbé Talleyrand firent un traité particulier, daté d'Hartwel. Par ce traité, le Roi s'engagea à souscrire une *Charte d'Amnistie;* et l'abbé devait, en qualité de premier Ministre, en être l'interprête visible et le Gardien perpétuel.

. Cette manière de prédomination et de tutelle n'étant point du goût de Louis XVIII, il a trouvé un expédient libérateur, qui a été d'envoyer M. de Talleyrand au congrès de Vienne. Alors celui-ci, pour apprendre à vivre à son Roi, lui a remis Napoléon sur les bras, après avoir fait informer secrettement celui-ci, du vigoureux projet des souverains, qui le voulaient à *Ste.-Hélène.*

La preuve que cette vengeance a eu lieu véritablement, c'est que, deux mois avant l'apparition *de Fréjus,* Mme Talleyrand donna ordre au sieur Marc, marchand de tableaux, (rue Neuve St.-Augustin) de venir secrettement emballer tous les tableaux, bronzes et curiosités du Ministre, pour les envoyer de suite....—Où celà?.... A Vienne?....— Non. — Dans ses terres?....— — Non pas. — Où donc, s'il vous plaît? — En Angleterre, Madame; avec tous les autres effets de quelque prix, appartenant audit Seigneur.

Et M. de Talleyrand, procédant ainsi, a goûté deux satisfactions à la fois : celle de châtier Louis XVIII, infidèle à ses traités occultes ; et celle de faire expier à Napoléon les révélations et les offenses dont il a rempli ses journaux, pendant huit mois.

Le bouleversement des empires, la désolation des familles, le sang versé à grands flots sur les champs de bataille sont, pourtant, le résultat de ces machinations individuelles. Mais qu'importe à ces Messieurs!.... N'y a-t-il pas des emballeurs en divers pays ; et des Banquiers officieux, dans tous les royaumes ?.....

Je me trompe : Il en est UN, où les diplomates auront à se présenter nus, et n'ayant pour tout cortège, que leurs crimes, lisiblement tracés sur leur front.

LETTRE VINGT-TROISIÈME.

A la Même.

Londres, le   1815.

MADAME,

CE n'est pas comme Rédacteur, proprement dit, c'est comme conseiller, et même comme ministre, que M. de Chateaubriand a suivi le Roi. On ne lui conteste assurément pas, Madame, le talent d'écrire; mais ses principes, en fait d'Administration, ne sont pas soutenables : nos derniers événemens l'ont assez prouvé. M. de Chateaubriand, pour avoir la faveur de Louis XVIII, a émis des Brochures bizarres, où il a prêché, en très-belles phrases sans doute, la politique impraticable du Roi. Il a orné de toute sa broderie poétique un faible et mauvais canevas. A quel esprit sensé persuadera-t-on que la monarchie peut se soutenir en prenant, pour auxiliaire et pour appui, la démocratie ! A quel esprit équitable et honnête fera-t-on accroire, que la victoire, une fois acquise, le Chef victorieux peut sacrifier ses soldats à la vieille haine de l'ennemi ! A quel esprit mémoratif viendra-t-on à bout de faire entendre qu'un Roi maintient et assure son existence, en conservant jusqu'à la même Guillotine qui trancha la tête de son faible Prédécesseur ! Il est des vérités si claires, si évidentes, que leur simple énoncé doit suffire : Et orner de fleurs une poutre vermoulue, n'est pas lui donner de la force et de la solidité.

Au reste, Madame, ayez bien pour assuré que l'illustre Ecrivain n'est pas à sa place, et que le Roi banni ne l'aime guères, tout en le cajolant.

Il hait son talent supérieur, et je m'explique. La jalousie est la maladie habituelle de l'ancien Comte de Provence. Un homme d'esprit lui fait ombrage : Il craint qu'on ne le prenne pour son teinturier.

Dans tous les cas, il ne pardonnera jamais au gentilhomme Breton d'avoir laissé là l'émigration, dès les premières échauffourées, pour s'en aller faire des livres, et se donner ensuite en spectacle au monde, comme secrétaire du cardinal Fesch.

Le pauvre Duc de Feltre (Clarke) n'aura pas une faveur plus durable : Le Roi ne peut le souffrir : de cela, d'abord, qu'il s'est fait bon Monarchiste ; et de cela encore qu'il déplaît à MM. Talleyrand et Fouché, que Louis XVIII ménage, et ménagera, jusqu'à ce qu'ils meûrent.

— Et pourquoi *ménager*, me direz-vous, des gens qu'il était si aisé d'abattre ? — Si *Aisé*, Madame!..... Infiniment moins que vous ne le pensez. Les Louis XIV, oui ; les Pierre-le-Grand, les Richelieu abattent qui leur résiste : Mais les rois faibles observent, réfléchissent, temporisent ; et ne frappent, d'ordinaire, que les hommes plus faibles qu'eux.

Voyez la conduite du Roi envers le cardinal Maury, son ancien Ministre Plénipotentiaire en

Italie : Voyez s'il lui a pardonné sa défection et le trafic de ses papiers secrets.

Le fameux Cardinal loge, dans un corps pesant et volumineux, l'esprit le plus léger du monde. N'ayant ni morale, ni modestie, il commença par affliger les hommes réguliers de tous pays, à force d'inconduite ; et les grandes familles d'Italie, par un ton cinique d'égalité : Un prince Romain, qui l'aurait imaginé plus modeste, se permit le fameux bon-mot, qui s'est répandu.

Peu philosophe, et mal prévoyant, le cardinal Français bouda l'Italie. Bonaparte en eut des nouvelles : Il marchanda sa célébrité. L'Abbé Maury passa gaîment sous ses bannières ; et dès-lors perdit son grand nom de 1789, qui lui avait valu le Chapeau, par MESDAMES-TANTES.

Bonaparte, excellent payeur, n'achette pas à demi quand il achette : Il voulut le cardinal avec tous ses curieux secrets : On lui livra tout : le croyant éternel, ou chose semblable.

Mais, arrivèrent les gelées de Moscou, arrivèrent nos princes eux-mêmes. Le cardinal, tombé dans l'abîme, demanda pardon à son Roi. Son Roi le livra au pape, qui, le dépouillant de la pourpre romaine, l'a condamné à mourir, ou plutôt, à vivre.... dans un cachot.

Au reste, Madame, si vous alliez être tentée

de supposer que la Cour de Rome, en punissant ·l'abbé Maury, a voulu plaire au Roi de France, vous tomberiez dans une grande bévue, passez--moi ce mot. Le Saint-Père n'a eu l'intention de venger que la cause de l'Eglise et de son Chef: Cela seul le regardait : Il sait bien ce qu'il a à faire.

En persistant à administrer l'Archevêché de Paris, le cardinal a foulé aux pieds les défenses réitérées du Pontife. En proclamant son prétendu *Symbole de foi,* où il a dit *que Dieu commande fidélité pour Napoléon et sa Race,* il a profané la Religion elle-même. En favorisant la publication et le succès d'un *faux concordat,* hautement renié par le Saint-Père, il s'est montré impie et blasphémateur. En conservant son amitié et sa correspondance habituelle à l'abbé Maury, son neveu, spoliateur et dissipateur du mobilier du Vatican et des Résidences, il s'est associé à la ré-volte et au brigandage : Il s'est constitué voleur.

C'est pour tous ces attentats qu'on l'a puni. Et l'univers entier déclare qu'il y a justice.

LETTRE VINGT-QUATRIÈME.

A la Même.

Londres, le   1815.

Vous me paraissez, Madame, éprouver une certaine indulgence pour le cardinal Maury. Et vous dites que le Pape, en le châtiant pour avoir encensé Napoléon, aurait dû se ressouvenir qu'il l'avait encensé lui-même. Cela est vrai, Madame, jusqu'à un certain point. Mais, avant de condamner un délit quelconque, il faut apprécier la position de celui qu'on accuse, et bien examiner ses motifs et ses intentions. D'après cette équitable maxime, toute conforme à votre bonté, vous conviendrez facilement d'un point essentiel : C'est que l'abbé Maury pouvait se dispenser de tomber dans sa rébellion et ses scandales, au lieu que le pauvre Pape a eu la main forcée en tout ce qu'il a fait.

Quand il monta sur le trône pontifical, l'Eglise sortait à peine des voies atroces et sanglantes de la persécution. Pie VI venait de mourir dans les chaînes ; et le Vatican désolé ne renfermait, en sa vaste enceinte, que le silence et des souvenirs. Un Guerrier, fils et favori de la fortune, prend l'Eglise sous sa protection et comble de respects son premier Pontife. Il déteste le mal qu'on a fait; il paraît haïr aussi les malfaiteurs, et jure de punir leurs violences. Il commence artificieusement par opérer quelque bien. Les temples sont rouverts dans son vaste empire; l'encens fume sur les autels réhabilités; la sainte milice est rappelée de son exil; une jeune milice est encouragée; l'Avenir s'éclaire des plus doux rayons : La ville sainte est dans la joie.

Mais, hélas! tout à coup, le voile des illusions semble vouloir se déchirer : Le Protecteur de l'Eglise affirme que si le pouvoir ne se consolide en ses mains, tout le bien qu'il a projeté devient impossible, et tout le bien qu'il a fait est perdu. Le Pontife, alarmé, le conjure de se refuser aux tentations de la vaine gloire, et de se borner à l'estime des humains. Ses paternelles insinuations irritent un enfant superbe : Il peut, il veut être obéi. Que faire alors?.... Abandonner le Navire à la violence des tempêtes? ou compâtir aux exigences du pilote, et sauver les passagers avec le vaisseau?

Assurons-nous, Madame, que telle a été la difficile position d'un Vieillard respectable, qui, reconnaissant trop tard un effroyable caractère, préféra donner lieu à un mal transitoire, qu'à un Schisme et une Apostasie, dont la plus courte durée pouvait tout perdre, et pour toujours.

Ces lignes, destinées à vous convaincre, je les trace dans la ville même que troubla, qu'ensanglanta, jadis, Henri VIII. Et le meurtre féroce du Duc d'Enghién fit assez voir, il y a dix ans, ce que notre Soldat pourrait faire.

Aujourd'hui, je ne fermerai point ma lettre sans vous apprendre que dimanche dernier, après la Messe de Madame, j'ai eu l'honneur d'être présenté.

Cette petite cérémonie a eu lieu dans la chambre même de la princesse, où l'on voit un Lit, d'un beau style et d'un très-bon goût. Le riche baldaquin semble vouloir se reposer sur deux hautes colonnes doriques. L'étoffe est une moire vert-pomme, à cordons, garnitures et glands d'or.

Nous étions trois Français. Madame, en habits négligés, et en schâl au lieu d'écharpe, est venue auprès d'une table de marbre, où la marquise de Sérent a pris un papier qui portait les noms. Nous nous sommes profondément inclinés. La princesse, croisant ses bras, nous a répondu par un léger mouvement de tête. La bonne marquise, douce comme un Ange, a nommé mon principal ouvrage, à quoi MADAME a dit : *Je le connais ; il m'a fait plaisir.*

La marquise, reprenant sa liste, a nommé *M. l'Abbé Sicard, instituteur des Sourds-Muets.* « Vous nous arrivez bien tard, » lui a dit la fille de Louis XVI — « MADAME, ce n'est « pas faute de zèle : Mais il y a eu bien des contra-« riétés. » — « Et qu'êtes-vous venu faire à Lon-« dres ? » — « Mon devoir m'a dicté ce voyage....» (Il aurait pu dire, aussi, *sa sécurité.*) MADAME n'a pas semblé goûter tout à fait les réponses, et le vieillard s'est attendri.

Le nom du troisième Français présenté, n'é-tant point connu de la princesse, Elle s'est bor-née à montrer de la bienveillance ; et elle est rentrée dans son cabinet.

Je me suis permis de la regarder attentive-ment : et comme observateur, et comme Historien, et comme admirateur de la Reine sa mère, et comme dévoué à ses intérêts. L'aspect de cette princesse ne peut qu'émouvoir toute âme hon-nête : On voit dans ses traits la physionomie même de Louis XVI ; la forme de l'œil de la Reine ; le bas de visage du pauvre Dauphin ; et parmi toutes ces indices, une défiance craintive, qui brise le cœur.

Adieu, Madame ; ma santé se soutient.

LETTRE VINGT-CINQUIÈME.

A la Même.

Londres, le   1815.

BONAPARTE, à l'heure qu'il est, voudrait bien, je crois, Madame, n'avoir pas quitté son île d'Elbe, seigneurie assez considérable et importante, pour un cadet de famille, né sans bien. Il croyait, en rentrant dans Paris, y retrouver le double enthousiasme de la populace et des marchands : Il n'a vu venir à lui que quelques petits pauvres, et quelques anciens soldats. Le surplus ne lui a montré que du mécontentement ou de l'indifférence. Le Boulevard italien s'est moqué de lui, dès le soir.

Quant aux profonds respects de ses anciennes créatures, il a fallu, certes, s'en passer. Tous ces Ducs, tous ces Princes, de sa façon, n'ont pas oublié sa dure suprématie; et puisqu'il est enfin réduit à leur demander assistance, ils ont résolu de mettre l'occasion à profit. Et ils feront bien.

Augereau l'a tancé vertement, sur une grande route. Carnot lui résiste en face, dans son Conseil des ministres; Et Fouché, lui-même, a l'air de lui dire : « La paix, la paix; ne faites pas « tant de bruit : Il est bon de s'entendre. »

Représentez-vous, Madame, la torture de ce cœur altier, qui ne permit jamais la moindre hésitation, la moindre remontrance. Durant ses *beaux jours*, il fallait obéir et mourir.

Il vient de mander au Prince-régent un secret message, pour lui donner parole, DEVANT DIEU, qu'il renonce, à tout-jamais, aux ressentimens, aux vengeances et aux conquêtes. Il demande à signer un Traité-d'Alliance perpétuelle avec les Anglais, et offre de leur livrer *Belle-Isle*, comme gage et garantie, pendant vingt ans.

Le prince-régent n'a répondu ni oui, ni non : Il a demandé cinq ou six jours, avant de s'expliquer; c'est une finesse, qui a pour but de retenir, un peu plus long-temps, Napoléon dans sa capitale; Et, en attendant, les masses de soldats, se rejoignent, vers la Hollande, où l'on a l'espoir de l'attirer précipitamment.

Nous avons ici Mme la Maréchale Moreau et sa jeune fille. Les Anglais de distinction leur ont offert les maisons de campagne les plus agréables; mais ces Dames sont restées à Londres, où l'on a tous les jours des nouvelles et de la société.

M. l'abbé Sicard avait beaucoup de lettres de Paris, pour la Maréchale : Il est allé les lui rendre, lui-même, ainsi qu'à la jeune épouse du général Dupont.

Je vais vous confier, Madame, une chose assez divertissante, relativement à ces dépêches officieuses dont s'était chargé le bon instituteur des Muets. Et je ne m'étonne plus de la prodigieuse quantité d'*amis* que je lui vois dans le monde. Le bon abbé, depuis les Massacres de septembre, paraît avoir adopté pour maxime qu'il faut avoir des soutiens en tout lieu : Et des ennemis, nulle part, s'il est possible.

Cinq ou six jours après son arrivée, il me retint auprès de lui, dans sa chambre ; et quand nous fûmes seuls, il me pria de lui aider à rechercher soigneusement dix ou douze paquets cachetés, mêlés dans ce qu'il apportait de France.

Comment tous ces papiers *cachetés* avaient-ils franchi l'inspection d'arrivage ?.... C'est ce qui n'a point été expliqué.

Il y avait là des lettres pour Madame Moreau ; pour Madame Grâce Dupont ; pour la princesse Louise et ses Religieuses ; pour le marquis de Grave, Gentilhomme du Duc d'Orléans ; pour le fameux Abbé Caron ; et semblables. Il y en avait, aussi, pour les membres du parlement An-

glais, les plus dévoués à Bonaparte; Et une, notamment, pour l'incomparable Wit-Breat, opulent Brasseur, chef de la subvention Napoléone.

Comme nous voyions approcher la fin de nos
recherches, on vint annoncer à M. Sicard, avec
anxiété, que M. l'Évêque de Périgueux, malade
au deuxième étage, demandait à le voir, pour
les Sacremens et sa dernière confession.

— « Mais, Monsieur, dit l'abbé Sicard au
respectable commissionnaire, pourquoi Monseigneur de Périgueux ne s'adresse-t-il pas à tout
autre? Il ignore donc que je suis de l'Académie
Française, et que je n'ai point l'habitude de confesser?

— « Y pensez-vous, dis-je aussitôt à notre
« Académicien! Est-ce que le grand Fénélon
« ne confessait pas, quoiqu'étant le premier de
« l'Académie! Montez, au-plutôt, chez ce digne
« prélat, dont la confiance vous honore; et qui,
« depuis vingt ans, n'a cessé de donner à nos
« pauvres, les deux tiers de ses revenus. » M. Sicard n'osa me répliquer, et il se laissa conduire
chez ce pauvre M. de Flamaréns, qu'il n'avait
pas encore daigné voir.

Me trouvant seul, alors, et sous mes verroux,
je poursuivis mon enquête. Le croiriez-vous,
Madame!!... je trouvai des *Notes,* de la plus

haute importance, signées *Duc d'Otrante*, et destinées aux premiers Boute-feux du pays. Fouché, habile et prévoyant en toutes choses, leur dictait une conduite, en cas de triomphe, et leur envoyait de faux passeports, en cas de revers.

L'abbé Sicard rentra. La position d'un Vieillard expirant n'était point ce qui l'occupait : Il y avait, en ce monde, pour lui, des choses bien plus importantes. Il me demanda, à plusieurs reprises, si parmi ces papiers en désordre, il ne s'en était pas présenté de telle et telle façon : Mon silence et mon air indifférent lui donnèrent de l'inquiétude. Par bonté, comme aussi par prudence, je ne voulus point entrer en explication.

Se doutant alors du malheur qui venait de lui arriver, il mit fin brusquement à notre séance ; et sa voiture, en passant, me déposa chez moi.

Il faut croire qu'en le rudoyant, la sur-veille, MADAME savait quelque chose, et ne parlait pas.

P. S. Tout ceci, Madame, ne sera que pour vous : Vous me le promettez, et j'y compte.

<hr>

LETTRE VINGT-SIXIÈME.

A la Même.

Londres, juillet 1815.

Tout en offrant la paix perpétuelle aux Souverains, il paraît, Madame, que notre Napoléon ne s'en dispose pas moins à les déborder, s'il lui est possible. Il avait envoyé un Agent secret à Vienne, pour enlever et lui ramener son Epouse avec le petit. La chose a été sur le point de réussir, mais elle est manquée : Et c'est au prince Talleyrand qu'on le doit. Celui-là voulait bien redonner de la tablature à ses ennemis, par l'évasion de l'Homme Diabolique, mais il n'est pas vindicatif jusqu'à la gaucherie : Et s'il a mis son Prisonnier hors de cage, il lui laisse son collier encore, dont il retient le cordon, d'un peu loin.

Il dormait de son premier sommeil, en son alcôve diplomatique de Vienne, lorsque son secrétaire le réveilla subitement, et lui dit : « Monsei-« gneur, je suis obligé de vous faire cette visite « inattendue, pour vous apprendre que vos af-« faires sont en un danger imminent. J'aime

« (ainsi que vous me l'avez permis) la petite
« Adrienne, femme de chambre favorite de Ma-
« rie-Louise. Hier au soir, très-tard, j'étais en-
« core auprès d'elle. Tout-à-coup, elle s'est trou-
« blée ; elle a fondu en larmes ; elle m'a embrassé,
« comme on fait lorsqu'on est sincère : Et elle
« a fini par m'avouer LE DÉPART. Oui, le dé-
« part ; peut-être qu'au lever du jour, il n'y aura
« plus de remède : Empêchez, de grâce, un aussi
« grand malheur. »

De vous dire les paroles de l'ancien prélat,
vous les concevez de reste. Il s'est fait habiller,
à la hâte, et à son tour, il est allé réveiller brusquement l'Empereur.

« Sire, lui a-t-il dit, je les crois partis : Son-
« gez aux conséquences terribles : Il faut absolu-
« ment faire courir après. »

A l'instant, et perquisitions faites dans le palais, l'Empereur a lancé tout un régiment de
Dragons sur la route de France. On a rejoint le
petit Roi de Rome et sa Mère, comme ils étaient
presqu'en vue des Français.

Représentez-vous la mauvaise humeur de Marie-Louise ; les yeux satisfaits de son père ; et le
mécompte du pacifique Napoléon.

Le *Morning-Cronique* a déclaré, dans un de
ses derniers Numéros, que le Roi de Rome est

un *Héritier supposé.* « La princesse, ajoute ce
« journal Anglais, avait mis au monde une Fille,
« morte en naissant et mise en pièces. Napoléon,
« qui se tenait aux écoutes, dans la coulisse, fit
« substituer aussitôt un petit-Garçon, venu de
« sa maîtresse *la belle Portugaise;* et comme la
« princesse Allemande était évanouie, il fut aisé
« de la tromper. » Voilà, Madame, la narration
du *Morning-Cronique.*

L'Article est-il communiqué? L'Article est-il
sincère?... Un peu plus tard, la figure de cet enfant expliquera tout. S'il ressemble décidément
à Marie-Louise, il dissipera tous les doutes : Mais
il ne dissipera point la juste répugnance des familles honnêtes pour le Fils d'un soldat-usurpa-
teur, qui a versé le sang des Parisiens, au 13 ven-
démiaire; et le sang d'un Condé, neuf années
plus tard.

Vous me demandez, Madame, si j'ai pu dé-
couvrir, en ce pays-ci, la véritable raison et
l'obstacle qui ont empêché le Sacre du Roi. Et
si la haute Société d'Angleterre croit à la mort
du jeune Dauphin. Oui, Madame, tout le monde
sait, ici, que l'ambitieux Robespierre, Assassin
du Monarque et de la Reine, complettà son
crime politique, en immolant aussi leur unique
Héritier. Ce n'est donc pas en faveur de ce Fan-

tôme imaginaire, que le Sacre de Louis XVIII s'est vu retardé.

Dans les régions supérieures de l'air, il se passe des choses bien difficiles à comprendre, puisque la véritable origine des vents, antiques moteurs de ce monde, est un mystère encore pour bien des esprits. Dans les hautes régions de la politique, il existe aussi de grandes obscurités. Je vais vous raconter, Madame, un évènement, dont je laisse à votre pénétration les suites et les conséquences.

Lorsque le Roi, qui avait tout fait pour monter sur le trône, vit ce trône au pouvoir d'un soldat son sujet, il ressentit une vive douleur. Quand il vit ce Soldat couronné par un Pape, il ressentit la plus violente des indignations. N'écoutant plus que son désespoir, il protesta, de mille manières : Mais que sont de vaines protestations et des formules, contre un César victorieux !

Le Roi, de qui sont connus tous les livres de la vieille Histoire, s'avisa d'un expédient, comme on en a vus. Il convoqua tous les Évêques à Londres, et là, par la voix d'un de ses Commissaires, il leur adressa ce discours : « Un Pontife si-« moniaque et illégitime souille la chaire de « St.-Pierre. Nommé, à Venise, par onze car-

« dinaux, esclaves tremblans de Bonaparte, c'est
« de cet Homme et non du Saint-Esprit qu'il
« tient sa Tiare. Nouveau Boniface, il avait pro-
« mis Bienfait pour Bienfait. Le Sacre odieux
« de son Protecteur a été le prix de son exalta-
« tion sacrilége. C'est un faux Pape, et un Usur-
« pateur du Vatican.

« J'ai assemblé, en Concile National, les Évê-
« ques de mon Royaume, pour qu'ils aient à
« éclairer les Chrétiens, et à prononcer ANATHÊME
« contre l'ennemi des Rois légitimes, qui sont
« les vrais élus de Dieu, et les seuls Pasteurs des
« Nations. »

M. de Talleyrand, Archevêque de Rheims
et grand-Aumônier de France, inclinait (quoique très-faiblement) à donner toute satisfaction
au monarque ; mais les autres prélats, y regar-
dant à deux fois, pensèrent que les choses de
l'Église ne devaient pas être traitées si mondai-
nement. M. l'évêque d'Uzès, quoiqu'ardent im-
probateur de Napoléon, s'exprima en ces termes :

« Nul de nous, Messieurs, n'assista au Con-
« clave de Venise : Nous ignorons, vous et moi,
« ce qui s'y passa. La providence a ses vues im-
« pénétrables. Après les adversités du grand
« Pie-Six, mort dans les fers, un Conclave, si
« peu nombreux qu'il ait été, doit nous paraître

« encore un miracle. Assurément, le sacre de
« Napoléon a fait gémir et tressaillir les âmes
« justes et religieuses ; mais la longue résistance
« du Pontife est connue de l'Europe entière :
« Avant de consommer un tel sacrifice, il con-
« sulta, devant le tabernacle, tous ses cardinaux
« attristés. Ce que les princes de l'Église ont cru
« inévitable, sachons, Messieurs, le considérer
« comme un mystère de douleur, et une coura-
« geuse faiblesse.

« Mandons au Roi, notre souverain, que, mois-
« sonnés par la fureur des hommes, par les coups
« de l'adversité et par la Nature elle-même, nous
« ne sommes plus, ici, qu'un faible débris de
« l'Episcopat de la France : Lequel, même dans
« son ensemble, n'était qu'une fraction du Clergé
« Latin.

« Dans tous les cas, des hommes de doctrine
« et d'exemple ne peuvent se résoudre à diffa-
« mer un Pontife ; des enfans n'ont aucun droit
« pour maudire leur père ; et la terrible Fulmi-
« nation qui nous est demandée, est au-dessus de
« notre puissance, comme elle est au-dessous de
« nos sentimens. »

Madame, il est un Roi qui ne pardonnera jamais à ces Messieurs cette respectable désobéissance. Mais la cour de Rome, qui l'a connue,

s'en est affectée bien différemment. Assurez-vous, s'il vous plaît, que le sacre du Roi n'aura point lieu ; et que si l'on a l'air de croire *au jeune Dauphin*, c'est pour se constituer un motif décent, et pour sauver les apparences.

Adieu, Madame ; je suis assez bien rétabli de mon rhume, et je vous désire ma santé.

LETTRE VINGT-SEPTIÈME.

A la Même, à Versailles.

Londres, le 30 juillet 1815.

MADAME,

Il ne fallait pas être bien habile, pour prévoir la nouvelle humiliation de Bonaparte ; et deux ou trois victoires du Mont-Saint-Jean ne l'auraient pas, même, reconstitué.

Quelle que soit leur jactance de bravoure, les hommes aiment à vivre : et pour être bien avec ce tigre, il fallait n'aimer qu'à mourir. Nos officiers, en général, avaient eu le temps d'apprécier le système pacifique du Roi : Et l'on sera, dans tous les temps, *pour l'Amphytrion, où l'on dîne....* tranquille.

Je vais vous apprendre, Madame, les causes secrettes de son arrestation...... Est-il possible qu'un Être aussi méfiant, soit ainsi tombé dans le piége !.... un enfant s'en serait gâré.

A peine échappé du massacre de Waterloo, il reprit, suivant son usage, le chemin de Paris, « sa chère capitale, » et tomba, comme une dernière bombe, au milieu de ses Ministres, à moitié morts. — « Il me faut ceci; il me faut cela.' « Je veux de l'argent; je veux des décrets; « j'exige des hommes. » — « N'exigez plus rien, » lui dit Fouché. — « N'exigez plus rien, » lui dit Carnot. — « Ne venez pas ajouter à tous nos « périls, » lui dirent les autres. « Le Roi revient « avec sa famille et ses Tuileries : Il ne vous « reste qu'à partir et vous éloigner. »

Il voulut prendre un ton de hauteur : On se mocqua de lui, on lui rit en face; et *le comte* Carnot eut l'air de le vouloir saisir par le bras.

Fouché, plus expéditif, feignit, alors, de s'occuper de sa défense, et même de ses intérêts. — « Il n'est pas juste, s'écria-t-il, que vous aban-« donniez durement celui que vous avez rappelé « vous-mêmes, et qui ne mérite d'autre reproche « que d'être vaincu par le Sort.

« Napoléon, ajouta-t-il d'un air affectueux,

« toute résistance est désormais inutile ; par la
« bonne raison que la France ne peut et ne veut
« plus rien : Nous avons joué de nos restes. Con-
« sentez, consentez à vous retirer en Amérique,
« et nous vous donnerons le peu qui se trouve
« dans les coffres, au risque de ce qui peut en
« arriver. »

Bonaparte s'est résigné lentement à cette extrémité cruelle, mais avec la rapacité d'un for-
ban, qui veut tout. Fouché, venant toujours à
bout de ses camarades, a pleinement satisfait aux
capricieux désirs de l'ex-Empereur, lequel a eu
de l'or, des diamans, des pierres précieuses ; puis
son sceptre ; puis sa couronne ; puis un carrosse
de cérémonie ; enfin tout ce qu'il a bien voulu
demander, pour l'emporter.

Il est enfin parti pour Rochefort : Et au même
instant, le duc d'Otrante a expédié un courrier
en Angleterre, pour en informer le prince-Régent. Napoléon et ses trésors sont tombés de
suite au pouvoir des Anglais..... Vous savez le
reste.

Tous les objets précieux ou de curiosité, cap-
turés avec lui sur son navire, vont être exposés
dans la plus vaste salle de Londres, pour être
mis sous les yeux du public. On va retirer, de
cette exposition, des sommes immenses, les-

quelles sont déjà promises aux Hospices des Ma-
rins, malades ou blessés.

MADAME, à cette occasion, a reçu la visite et
les complimens de tout ce qu'il y a d'illustre en
Angleterre. La nouvelle de Waterloo lui fut ap-
portée par la jeune princesse Charlotte elle-
même, qui se jeta à son cou, et la félicita, les
larmes aux yeux.

MADAME, voulant laisser au Comte de la Châtre un témoignage agréable de sa reconnaissance,
pour ses soins et ses gracieuses bontés, a fait faire
pour ce seigneur le plus élégant équipage qui se
soit vu à Londres. Il est exposé dans les Ate-
liers de la fabrique, où tout le monde l'admire
en passant. C'est une grande Berline, bleu-cé-
leste, aux armes de M. l'Ambassadeur. La devise, donnée par Louis XVIII, est *Atavis et
Armis*.

Adieu, Madame; je prends congé, peu à peu,
de mes pauvres compatriotes, pour qui le triomphe de la cause royale ne sera peut-être d'aucun
secours. Ils y sont, néanmoins, très-sensibles. Et
ce sentiment leur est d'autant plus honorable,
que presque tous les Émigrés, pouvaient, non
pas recouvrer leurs biens, mais obtenir des pensions et même des emplois, s'ils avaient voulu
reconnaître Napoléon, et s'*atteler*, comme on

dit, *à son char.* Ils ont mieux aimé, *Honneur et misère.....* Cruels résultats !

Je laisse à regret, parmi eux, le spirituel marquis de la Tour, et un vieux président du parlement de Provence, qui, sachant que j'écris des *Mémoires Historiques,* m'ont fourni, avec bienveillance, les plus précieux matériaux.

Je compte partir, sous deux jours, non avec M. Sicard, mais avec le bon prince Comnène, qui ne se réjouit ni ne s'afflige des revers de Napoléon. Il lui aurait souhaité plus de bon sens, pour la tranquillité de sa famille, et du monde.

P. S. Le duc de Wellington a fait parvenir au Régent quelques papiers secrets, trouvés à Waterloo, dans la voiture même de Bonaparte. Ces papiers ont compromis bien du monde, et notamment le riche Brasseur Witt-Bréat. Il s'est à l'instant coupé la gorge.

Pour sa part, ce Radical venait de prêter onze cent mille francs à Napoléon. Quel bonheur que l'abbé Sicard n'ait pu lui rendre sa missive !.... Les scellés viennent d'être mis sur tous les papiers du défunt.

Il a été déclaré *fou de cerveau :* par ce moyen, ses enfans ne le verront point *traîné sur la claye,* et il n'y aura pas de confiscation à leur préjudice. L'héritage est de plusieurs millions.

SECONDE PARTIE.

—

LETTRE PREMIÈRE.

A M. le marquis de Latour, à Londres.

Paris, 27 septembre 1815.

AINSI que vous l'aviez prévu, Monsieur, les déceptions ont recommencé : Et cela ne pouvait aller différemment, puisque c'est le même Naturel, qui gouverne.

Très-peu de jours après le succès de Waterloo, et le surlendemain, je crois, du départ de Napoléon pour la Bretagne et la mer, le Roi vint s'établir, non plus au château de Saint-Ouen, qui est en démolition, mais dans l'Abbaye même de Saint-Denis, où l'on élève ces Demoiselles. « Madame, dit le Monarque, à la Dame Surin-« tendante, mon âge et ma qualité de prince « malade, m'autorisent à prendre l'hospitalité « dans cette Abbaye, fondée par mes Ancêtres; « je viens vous prier de me céder votre Apparte-

« ment de rez-de-chaussée : Il est infiniment
« propre à ma situation, qui abhorre les esca-
« liers. »

La jeune Vicomtesse du Bouzet venait de se
prononcer pour M. de Lacépède, rétabli Chancelier des cent-jours, et pour Napoléon lui-même :
Elle répondit, avec émotion au Monarque, et
l'installa dessuite en son agréable appartement,
qu'elle inonda de fleurs, très-à-propos.

On fit monter aussitôt l'entière Communauté,
dans les étages supérieurs de l'Abbaye ; et l'immense rez-de-chaussée fut mis à la disposition
du Roi. MM. Les gardes-du-corps occupèrent le
Cloître : où les grandes Elèves, frénétiques pour
Napoléon, leur jetaient des billets injurieux. Les
Gardes les lisaient, en riant, et sans la moindre
rancune : On était vainqueur.

A peine installé dans sa religieuse Habitation,
le Roi fit demander à la Surintendante douze
Elèves, de douze à quinze ans, pour être mises
auprès de lui comme *Demoiselles-d'ordonnance*,
exerçant leurs fonctions, six par six.

Mme du Bouzet, ne pouvant désobéir au Roi,
et craignant, toutefois, quelque mésaventure politique, mit son esprit à la gêne, pour trouver en
son bercail, douze jeunes personnes Royalistes.
Elle n'en sut jamais trouver que huit, sur cinq

cents demoiselles. Les quatre complémentaires furent choisies parmi les plus timides, ou les moins déterminées. Cette compagnie-d'Elite fut présentée au Souverain, qui lui prodigua les petites caresses superficielles; et voulut qu'on lui nommât, à deux fois, tous les Noms.

Ma chère pupille, à cause de ses grands beaux yeux, fut mise auprès du Roi, la toute première, comme lectrice. Et, peu de momens après, Sa Majesté desira voir « comme on lisait à Saint-Denis. » Elle ne tarda pas à interrompre cette jeune personne, lui faisant l'observation *qu'on se hâtait un peu, quoique prononçant bien.*

« Nous sommes sauvés, ma chère enfant : Rien « ne nous presse, » lui dit-il (en prenant son livre, pour, après, le lui rendre); « Une lec-« ture, afin d'être agréable, doit être lente et « mesurée : Vous lirez en perfection, quand vous « lirez ainsi : » Et là-dessus, il lui fit voir comme on doit aller, posément.

Vous croyez facilement, Monsieur le marquis, que la jeune Demoiselle-d'Ordonnance obéit à son précepteur de qualité.

Dès le soir même, les Ministres de Napoléon ne cessèrent d'entourer le Roi; et le lendemain, il y eut entre les deux Frères une assez forte agitation : Pour une minutie, ce semblerait d'abord.

Louis - Stanislas voulait qu'on rentrât dans Paris, avec la Cocarde-Tricolore; Charles-Philippe répétait, à chaque instant : « C'est Fouché « qui vous persuade cette faiblesse : Mais les « Parisiens, amis du bon ordre, ne le deman- « dent pas, et j'en suis bien informé. »

— Le vieux Roi disait : *Et qu'est-ce, après tout, qu'un peu de bleu et un peu de rouge, si de ce petit barbouillage doit jaillir notre tranquillité!*

— « Vous êtes dans l'erreur, Monsieur, lui « répliquait son Frère. Une condescendance en « appelle une autre : Et arborer les couleurs qui « nous proscrivirent, c'est de nouveau signer « notre proscription. »

Alors, le Duc d'Otrante, craignant d'irriter le prince - Héréditaire soutenu des puissances, dit que les Parisiens ne demandaient plus qu'à revoir leur Roi.

En quittant l'Abbaye Saint - Denis, le Monarque fit distribuer des dragées à ces Demoiselles; et Mme la Surintendante, dont il haït passionnément l'apostasie, reçut de lui son portrait.

Remonté dans sa voiture, et considérant la Basilique Funèbre, à deux pas de lui sur sa droite, il dit, comme un esprit-fort qui badine : *Je re-*

viendrai voir ma Famille : Mais nous avons du plus pressé, maintenant.

Les bons conseils du Duc de Feltre, empêchèrent la Famille Royale, en mars dernier, de s'aller réfugier en Angleterre, où M. de Talleyrand les voulait. On assure que ce M. de Talleyrand va reprendre le timon et la confiance, et que M. de Feltre est déjà sacrifié. Les yeux alertes et pénétrans en ont pu remarquer les symptômes : Le Roi ne le peut souffrir.

Son Altesse Impériale, Mme Lætitia-Ramolino, en prenant, de nouveau, la fuite, a dévalisé complètement son Hôtel de Brienne, faub. Saint-Germain. Comme elle a, probablement, du goût pour les belles peintures, elle a fait enlever de la chapélle-*Saint-Joseph* (Hôtel, maintenant, de la Guerre), un magnifique tableau du Dominiquin, estimé plus de deux cent mille livres. C'est Mme de Montespan, Fondatrice, qui l'avait donné jadis à ce Couvent.

Athénaïs de Mortemart, Dame de Montespan, ne destinait, certainement pas, cette belle *Nativité* à Madame-Mère : Et Messieurs de Mortemart devraient bien *protester,* contre l'enlèvement du tableau, tout au moins.

LETTRE DEUXIÈME.

A miss Elisabeth Harrington, à Londres.

Paris..... 1817.

Je me suis transporté, Mademoiselle, sur cette colline de Clignancour, dont votre bonne mémoire a gardé le souvenir; et j'y ai retrouvé la petite et agréable habitation qui vit les jeux de votre enfance. Les six platanes d'Orient, plantés, il y a trente années, par monsieur votre père, ont grandi et prospéré. Ils forment, en ce moment, un superbe bouquet, dont le couvert abrite une terrasse, et d'où l'on admire à son aise la vaste plaine de Saint-Denis et son bel horizon. Je suis allé visiter aussi l'antique Monastère des Annonciades, situé, comme vous le rappeliez fort bien, à l'entrée même de cette ville sépulcrale; et j'ai vu la chapelle, jadis élégante, aujourd'hui mutilée, où votre petit cœur, désobéissant à votre famille, abjura secrettement la Religion des Anglais. Ces nobles débris, témoins d'une époque de paix et de prospérité qui a fui

loin de nous, se soutiennent, au milieu de la
dégradation universelle : C'est un triste marchand
de bois à brûler qui occupe le vaste enclos et vos
anciens dortoirs. Tout change, ici-bas. La mou-
vante imagination des hommes ne peut se plier
au calme, à l'uniformité : Et comme si la main
cruelle du Tems était paresseuse et trop-lente,
les humains (que leur prochaine destruction ir-
rite), cherchent, je crois, à venger leur ruine
par la ruine de tout ce qui existe auprès d'eux.

Je vous envoye, au gré de vos désirs, une boîte
un peu forte, où vous trouverez cinq ou six belles
feuilles de vos chers platanes, et quelques livres
de terre végétale, prise dans votre ancien jardin
de l'Annonciation. Composez-vous un petit jardin
fleuriste avec cette terre infortunée, et ajoutez
quelques larmes d'amitié aux larmes de douleur,
qu'y répandirent, je n'en doute pas, vos chères
compagnes les Religieuses, avant de partir ou
pour la misère, ou pour l'échafaud.

Vous me demandez, ma chère Miss, ce qu'il
faut penser de ce Testament de la feue Reine
Marie-Antoinette, retrouvé et publié au bout de
vingt-trois ans.

Quelqu'étrange que paraisse, au premier coup-
d'œil, cette pièce, à laquelle on ne s'attendait
pas, elle n'en est pas moins authentique et in-

contestable. MADAME, qui ne peut se méprendre sur l'écriture de sa respectable Mère, l'a reconnue, à l'instant même, et l'a couverte de ses baisers respectueux. Apprenez, d'ailleurs, que la vieille geôlière de la pauvre Reine est encore du monde ; qu'elle avait parlé de cet Ecrit mystérieux à des personnes de mérite ; et que la *Gazette de France*, il y a sept ans, en fit mention, même sous l'*Empereur*, qui ne l'empêcha pas.

Au reste, Madame-Royale, pour donner à cette touchante Réclamation, sortie du tombeau, toute la confiance qui lui est dûe, a fait déposer le Papier-original chez un Notaire de Paris, où, déployé sous une glace, il est offert à tous les yeux. Je m'y suis trouvé, au moment où deux personnes, munies d'anciens billets de la Feue Reine, confrontaient les écritures, et fortifiaient leur conviction, en versant des pleurs..

· Cet écrit est venu apporter aux Historiens deux grandes vérités, nécessaires : L'une, est que la Reine, dont les belles réponses devant ses juges, avaient disparu dans les cruels journaux du tems, a établi, sur tous les points d'accusation, sa justification éclatante. L'autre, c'est que, dans le sombre cachot de la Conciergerie, aucun secours, aucune consolation ne parvinrent jusqu'à Elle, et que tous ses prétendus consolateurs ou confesseurs ont menti effrontément au public.

Madame-Royale a compris aussitôt combien ces gens-là avaient abusé, jusqu'alors, de sa crédulité filiale. Mais, par l'effet d'une prudence religieuse, poussée peut-être à l'excès, elle s'est refusée au premier désir qu'elle avait eu de châtier les téméraires.

Vous me demandez, Miss, s'il existe encore plusieurs Religieuses d'entre les Carmélites de Saint-Denis, auxquelles commandait la plus jeune Fille de Louis XV : Non; la tempête a dispersé toutes ces hirondelles timides. Il n'en existe plus que quatre : Parmi lesquelles Mme Aubert, fille d'un président du parlement de Provence, et Mme de Gélin, sœur d'un officier de marine, guillotiné à l'âge de vingt-huit ans. Ces dames habitent, par hazard, la même maison que moi. Elles se sont rappelé votre nom, ou votre aventure : Elles vous souhaitent le bonjour.

Que pour vous seule, tout ceci.

Je me dis votre bien obéissant et dévoué serviteur.

LETTRE TROISIÈME.

A la Même.

Paris.... 1817.

MADEMOISELLE,

Si M. le Marquis de La Tour est encore à Londres, cultivez plus assidûment sa connaissance : Il vous instruira, mieux que tout autre, de ces particularités d'intérieur que vous désirez tant connaître, et que je vous aurais révélées, moi-même, si vous étiez retournée à Londres avant mon départ. Dans tous les cas, je vais confier à cette lettre, ce que, je l'espère, elle ne rapportera qu'à vous.

Cet exil du Comte d'Artois au château de Saint-Cloud, cette subite privation de quelques-unes de ses dignités, ces paroles rudes et mortifiantes du Roi son Frère envers lui, tous ces déboires successifs présentés à un homme de son rang, et du meilleur cœur qui soit au monde, ont une cause grande et forte, quoique imbibée de faiblesse et de petitesse, vous en jugerez.

Durant les cent-jours, pendant que nous étions à Londres, et que notre Famille-Royale habitait Gand, les Souverains d'Allemagne et ceux du Nord, s'imaginant que le retour funeste de Napoléon n'aurait pas eu lieu, sous un Roi plus vigilant et plus alerte, jugèrent le Roi Louis XVIII trop-vieux, ou du moins trop-infirme, pour une si difficile Administration. En conséquence, ils le firent prier de vouloir-bien se mettre au repos, en vue seulement de la sécurité générale ; et ils lui désignèrent, eux-mêmes, pour successeur immédiat, M. le Comte d'Artois, plus agissant que lui.

A peine cette décision des Potentats fut-elle connue dans le palais de France, que tous les courtisans, moins trois, passèrent au Soleil levant, pour y réchauffer leur espoir. La consternation de Louis XVIII ne peut être exprimée : Je ne l'observerais pas, que vous l'imagineriez-bien.

Un courrier extraordinaire, venu à notre Ambassadeur de Londres, ayant apporté cette nouvelle, MADAME, qui était à table, ne dit à ces Messieurs que ce peu de mots : *Je connais mon Beau-père : Il n'acceptera pas.*

En effet, nous sûmes, trois jours après, que le Prince étant venu chez son Frère, l'avait embrassé cordialement, et lui avait dit avec toute la bienveillance d'une belle âme : *L'ordre de la Nature ne sera pas interverti : Je serai, dans tous les tems, et le premier ami et le premier sujet de mon Frère.*

Le Monarque pressa plusieurs fois son Frère contre son cœur, et fit entendre ces mots, remplis d'émotion : *Vous me rendez* LA VIE : *Je ferai tout pour vous.*

M. le Duc de Berry, malheureusement pour lui-même, avait éloquemment supplié son Père d'adhérer au vœu des Puissances. Son oncle le sut, et le prit en horreur : à la première entrevue, il fut aisé de n'en conserver aucun doute.

La Noblesse, je veux dire tous les Emigrés, avaient également conjuré le prince d'accepter : ils n'améliorèrent point, ce jour-là, leurs Actions : Et vous verrez, ma chère Miss, que la fameuse *Indémnité,* si-juste et si-promise, n'aura point lieu, tant que le vieux Roi vivra. Les Emigrés seront trop-heureux si Louis XVIII les souffre dans le Royaume.

Sa haine l'aveugle à tel point, qu'il frappe à tort et à travers sur le parti royaliste. Il désarme rigoureusement la Vendée, au lieu de traiter ce grand œuvre avec précaution et ménagement. Il se regarde comme inébranlable, désormais : Il tient l'Avenir dans sa main. Rien ne l'inquiette, rien ne le trouble. L'Edifice lui semble achevé : il renvoye les manœuvres à coups de bâton ; il brûle ses échaffaudages.

Cet homme est-il devin ? Est-il prophête ? Se croit-il, comme Bonaparte, Maître des hommes et des destins ?.... Adieu, Mademoiselle, je suis, etc.

LETTRE QUATRIÈME.

M. le comte de Béthisy-Mézières, ancien Evéque d'Uzès, à l'Auteur.

Londres, ce jeudi.

Vos instances me touchent ; mais elles sont inutiles. La France, telle qu'on nous l'a faite, n'est plus ma France. Il faut qu'après tant de malheurs, je me résigne : le sol étranger gardera mes os. J'en veux à cette jeune Nièce, à cette Orpheline des Batailles, qui possède toutes vos affections, et qui ne vous permetra jamais d'adopter la patrie que je me suis donnée. Vous auriez ici toute la considération que vos bons sentimens méritent ; et l'affection qu'on a témoignée à vos ouvrages, irait nécessairement à l'Auteur.

Quant à moi, vous le savez, votre caractère m'est précieux. Votre conversation m'était chère. Et je me fais, tous les jours, un nouveau reproche de n'avoir pas assez fait, peut-être, pour vous retenir au milieu de nous.

Vous apprendrez avec plaisir que ma pension d'Angleterre m'est conservée, et qu'elle est même transférée sur la cassette du Prince, ce qui fixe encore mieux mon sort.

Au reste, vous savez à quel point Son Altesse Royale aime et recherche toute la Curiosité du siècle de Louis XIV, et le joli Muséum d'appartement qu'il s'en est déjà formé. Vous qui avez écrit ce Règne de Féerie et de prestiges, et à qui tous ces visages célèbres sont connus, voyez à Lui rendre un grand service. Son Altesse ne possède ici qu'un portrait douteux de Mme de La Valière. Il a vu, dans votre *Histoire de Mme de Maintenon,* que le véritable portrait de cette illustre pénitente est conservé chez les Dames Carmélites de la rue d'Enfer, où vous l'avez admiré. Tâchez d'en traiter avec ces saintes Filles, qui n'y tiennent, peut-être pas, du même zèle que notre prince ; il ne vétillera point sur le prix. Si vous pensiez que mon Nom pût être, encore, de quelque influence, ne vous en faites point de scrupule : J'y donne les mains, de tout mon cœur.

Le Prince est de l'autre religion, j'en conviens : Mais il ne hait point les Catholiques, et plus d'une fois il m'a dit que si la chose était praticable, il rétablirait, dans ses Etats, les couvens de Filles ; ne serait-ce que pour en aider les grandes familles, et aussi, pour la bonne éducation.

Mandez - moi s'il est vrai que les Dames de Saint - Cyr ont été jouées, et ce que c'est que cette mystification, dans ses détails. Par votre Histoire de Saint - Cyr, vous devez être lié avec ces Dames.

Je crois personnellement M. l'abbé de Q*** un homme de science et même de conduite : Mais il a pris son essor, dans une Cour, indigne de notre présence. Et le Roi, en le désignant pour Coadjuteur à e pauvre Archevêque de Rheims, mon vieil ami, veut certainement le mettre, là, comme en sentinelle, contre tous Messieurs de la vieille Eglise et de l'Emigration.

Le Roi m'avait promis à moi (dès Coblentz), l'Archevêché de sa Capitale ; il l'avait aussi promis secrettement à M. de Pressigny ; promis encore séparément à deux d'entre nous : sans compter l'abbé de Juigné, ancien et vrai titulaire. Et à l'air dont les choses se présentent, nous voyons bien que c'est l'abbé de Q***, qui l'aura : *Novissimi, primi*..... Rien de plus juste.

Mon Neveu de Béthisy, par son Hôtel du n° 36, est certainement un des proches voisins du triste Enclos de la Madéleine : Il ne m'en a donné encore que deux lignes. N'auriez-vous pas la complaisance d'aller y voir un peu, par vous-même, et de me dire ce que la Princesse compte faire construire en ce lieu là ?

On nous assure ici qu'il est question, dans le Conseil-étroit, de rétablir solennellement l'ordre des Jésuites. Je ne suis pas contre eux, de bien s'en faut ; mais je suis Monarchiste, avant tout : Et je ne vois pas de quel poids seraient les jésuites, chez une nation où Voltaire, aujourd'hui, passerait pour un Aristocrate, et pour un dévot ; si ce n'est pis.

Adieu, très-cher Monsieur. Votre opinion, s'il vous plaît, sur la mort de l'ancien ministre de la guerre, Comte Clarck, appelé, depuis, *Duc de Feltre,* si je ne me trompe.

Ma généreuse Hôtesse me retient assez habituellement à sa campagne : Mais vous pouvez toujours adresser (sous enveloppe), *Baltimore-Stréet. London.*

P. S. Mon parent de la Châtre me doit deux réponses. Il vous connaît, depuis l'Ambassade : Auriez - vous l'extrême complaisance de le voir, un moment, pour lui demander si nous sommes brouillés ?

Au reste, comptez-vous publier bientôt votre Histoire lamentable de la pauvre Reine Antoinette : qui me fit évêque d'Uzès, je ne l'oublierai jamais ? J'espère que nous y verrons les deux lettres *inédites* que je vous remis ici, en 1815. Je les tenais de sa bonne Sœur la princesse Christine. Mais ne me nommez point, de mon vivant, ON ne me le pardonnerait pas..... Et, cependant, ne me ménagez point, si l'on vous chicane : La Reine avant tout, mon très-cher Monsieur.

Totus tuus.

✝ HENRY-BENOIT-JULES.

LETTRE CINQUIÈME.

Réponse à M. l'Evéque d'Uzès,

Paris, etc.

JE craindrais, Monseigneur, d'émouvoir votre sensibilité, si je vous parlais encore des douceurs et de l'attrait de ce qu'on nomme *la patrie* : J'aime mieux espérer un tems plus favorable, et l'heureux maintien de votre santé. L'étroit Océan qui nous sépare sera long-tems encore navigable, et je me flatte que, sous un nouveau règne, par exemple, nous pourrons vous le voir retraverser.

Dès votre lettre, je me transportai dans l'ancien Azyle de Louise de La Beaume - Le Blanc Duchesse de La Valière. Ces Dames n'ont conservé d'elle que son portrait : Car à la simple Inscription, les profanateurs reconnurent sa tombe, et brisèrent ses os, pour les disperser. Déterminez, je vous prie, Son Altesse, à ne plus souhaiter cette acquisition : Il n'y a pas moyen d'y prétendre. Les bonnes Carmélites, au demeurant, laisseraient prendre une copie ; et comme je choisirais pour cela un Artiste, je garantirais le talent et la fidélité.

Il est très-vrai, Monseigneur, que le Roi se détermine à rétablir tout doucement les jésuites : Un peu pour la surveillance générale, un peu pour l'éducation. Mais cette entreprise, menée à tâtons, ne peut réussir aujourd'hui. Les possesseurs des biens d'Eglise s'en épouvantent ; quoique sans raison : Car les nouveaux-jésuites, bien différens des anciens, consentent à tout, pourvu qu'on les consente ; et ils approuvent la Charte royale, avec toutes ses conséquences, dans l'entière sincérité de leur cœur.

Les Cours-Royales s'en inquiettent, et se trompent également à leur égard : Les nouveaux-jésuites médisent des Parlemens, tout comme faisaient leurs devanciers. Comme eux, ils aimeraient mieux voir la Monarchie sans défenseurs et sans appui, que de voir rétablir des Autorités indépendantes et substantielles. A la moindre secousse, les nouveaux-jésuites tomberont : S'étant fait planter sur un terrein encore mouvant, et qui n'accueille point leurs racines.

Le prochain Coadjuteur est doux, complaisant, obligeant même, à ce qu'on assure. Sa position va être bien difficile ! Plaire au Monarque et aux mécontens, est une entreprise trop hasardée : Ses cheveux y blanchiront vîte. On lui rendra les grandeurs bien-amères. Il pleurera son hameau vendéen.

Le Duc de Feltre est mort, d'un poison lent. Le jour qu'il expirait, à ses Eaux-minérales lointaines, nos journaux ministériels le disaient de retour à Paris.

MADAME a trop écouté, je crois, sa piété filiale. Il fallait laisser l'Enclos verdoyant de la Madeleine comme M. Ducluzeau l'avait disposé. Ce grand saule pleureur, sur une simple croix de granit, brisait l'âme. On s'agenouillait en tremblant, sur cet humble gazon, où s'étaient agenouillés les deux Empereurs du Nord, le jeune

Nicolas et le vieux Roi de Prusse. Il y aura désormais beaucoup de bâtisse dans ce Cimetière fameux : il n'y aura plus ni cendres vénérées, ni poésie. Et Robespierre et Fouquier - Tinville, pilés avec leurs victimes, empliront les Catacombes du banal Monument.

Mon Histoire de la Reine Marie - Antoinette avance ; mais pour être vrai, Monseigneur, quelles difficultés, en ce monde ! Peut - être ne ferai - je pas, en cette occasion-ci, tout mon devoir : Je ne ferai rien contre mon devoir, je vous en donne l'assurance. Un Infirme couronné m'envoya un homme de distinction, il y a deux mois, pour me détourner de cet ouvrage ; et cet homme de distinction vous appartient. Je répondis que puisque Dieu m'avait fait échapper à la tourmente, je me croyais prédestiné à cette entreprise ; et que l'injuste diffamation était une chose si criminelle à mes yeux, que je voulais m'exposer à tout, pour justifier la pauvre Reine. Au sortir de l'enfance, je fus à tems encore à la voir. Sa majestueuse candeur n'est jamais sortie de ma mémoire. Je suis à son égard comme un enfant qui aurait vu massacrer sa mère : puisque je sais écrire, j'écrirai.

Monsieur votre Neveu, quand j'ai eu l'honneur de le voir, avait la plume à la main pour vous répondre. Ses grands emplois ne lui laissent guères d'intervalles : Et tant mieux, dans un sens : n'est-il pas vrai, Monseigneur ? Ménagez-vous, de grâce, et plus que jamais. Votre patrie adoptive est plus humide que la nôtre. Vous êtes assez bon pour ne plus alarmer ceux qui vous aiment : et je crois ces sortes de gens bien nombreux. Avec eux tous, je me dis, Monseiegnur, Votre, etc.

P. S. L'autre année, huit à dix jours après l'arrivée du Roi en ses Etats, les Dames de Saint-Cyr, retirées à Versailles, écrivirent à Sa Majesté pour en obtenir une Audience. Il l'accorda, courrier par courrier. La Supérieure (Mme Du Moutier) et deux de ses compagnes, ayant été introduites et nommées, le Prince les fit asseoir, à cause de leur âge. Le colloque suivant s'établit aussitôt, dans le cabinet : — Mme Du Moutier, voyez si j'ai bonne mémoire : Vous étiez Maîtresse des Novices, lorsque, pour la première fois de ma vie, j'allai visiter Saint-Cyr.— Sire, rien n'est plus exact. — Vous me demandez le rétablissement de votre Maison... Est-ce que vous êtes encore nombreuses ?—Nous sommes neuf Religieuses, encore aujourd'hui, et onze sœurs-converses. — Autant que cela ! — Oui, Sire. — Et vous auriez bientôt assez de Novices pour recommencer ?—En grand nombre, Sire. —Votre lettre m'annonce *des biens invendus :* Où sont-ils? Nommez-les-moi.

La Supérieure en désigna, en diverses places, pour un revenu d'abord suffisant.

Le prince en écrivit Note... Et les fit vendre huit jours après.

<hr>

LETTRE SIXIÈME.

A M. le marquis de Latour, à Londres.

Paris, etc.

JE ne m'imagine point, Monsieur le Marquis, tant votre perspicacité m'est connue, que vous formiez le moindre doute sur la mort du jeune roi Louis XVII. Le bruyant procès-criminel qui remplit, depuis quelques jours, nos gazettes, n'est autre chose qu'un *Manifeste* politique, arrangé tout exprès par le Roi. Une certaine Cour de l'Europe, lui ayant cherché noise sur ce sujet, il a pensé qu'il devait créer ces débats judiciaires et publics, afin d'y glisser, d'un air naturel, les preuves que sa hauteur habituelle et son rang ne lui permettaient pas d'offrir comme explications exigées et comme excuses.

Voici de quoi il est question, pour ceux qui savent le dessous des cartes. Vous vous ressouvenez, Monsieur, que dès la Bataille de Paris, M. le Comte d'Artois vint prendre les rênes du gouvernement, en qualité de Lieutenant-Général du Royaume. A cette époque de désordre, les Cardinaux Romains se trouvaient dispersés dans notre Champagne, où sévèrement dépouillés de leurs insignes écarlates, on les nommait, d'après Bonaparte, *les Cardinaux noirs.*

Ces Cardinaux noirs, affranchis tout-à-coup par le sort des armes, s'empressèrent de se réunir dans la capitale, et s'adressant au Chef très-accessible de l'Etat, ils lui apprirent que Napoléon, lorsqu'il avait fait violence au Souverain-Pontife son consécrateur, s'était emparé des Archives Romaines, lesquelles étaient, maintenant, déposées à l'Hôtel Soubise, du Marais.

« Dans l'ensemble confus de nos Archives-
« Papales, ajoutèrent les Cardinaux, il existe un
« dépôt sacré, que le profanateur ignore sans doute,
« et qui, par cela même, est demeuré intact. Ce
« dépôt, c'est la *chapelle de Canonisation.* Le
« *Bienheureux,* dont l'Apothéose était en ins-
« tance, au Vatican, depuis nombre d'années,
« est renfermé, suivant l'usage, dans le Cercueil-
« d'Argent. Tristement délaissé parmi les maga-

« sins de l'Hôtel Soubise, ce vénérable Cénotaphe
« implore notre assistance : Nous vous prions,
« excellent Prince, de rendre au Souverain Pon-
« tife ces faibles Reliques : Elles ont intercédé,
« peut-être, pour Vous et pour les Romains. »

M. le Comte d'Artois, naturellement bon et religieux, promit aux Exilés de les satisfaire : Et dès le lendemain, on mit à leur disposition tout ce qu'ils réclamaient. Par ordre de M. le Lieutenant-Général, on fit construire un long corbillard de velours noir, aux Armes de Rome et de France. Le corps du *Bienheureux* fut déposé dans cette voiture, soigneusement fermée. Deux cardinaux, deux prélats, six ecclésiastiques le suivirent dans des carrosses de convoi. Et il y eut des ordres donnés sur la route, pour que les paroisses vinssent offrir l'Eau bénite et l'encens, sur l'entier passage, depuis Paris jusqu'à la mer Méditerranée.

Les Mondains les plus déterminés ne pouvaient se plaindre de ces honneurs funèbres, accordés aux dépouilles d'un Mort, jugé digne des respects du monde. Et je sais que les mondains, eux-mêmes, ont un fond de pitié pour le cercueil, et pour les morts, quels qu'ils soient.

Cependant, on avait informé Louis XVIII de ces circonstances. A peine arrivé aux Tuileries, il querella son Frère sur son Administration des deux mois; et il lui reprocha, notamment, ses condescendances nombreuses pour le Pape. — « Qu'aviez-vous besoin de lui redonner si tôt ses « Archives, dit-il! Qu'aviez-vous besoin de lui « remettre en mains sa chapelle de Canonisation « et toute sa Boutique!.... J'avais mes projets, « moi : Et vous m'avez démuni, inconsidérément. « Je vais faire courir après le Saint : Il faut que « cette chose là, du moins, nous demeûre. »

— « Oh, mon Frère! » lui dit le Comte d'Artois, avec affliction : « Quel cruel dessein! Et « quelles paroles!! »

Les cardinaux, informés de ce qui allait avoir lieu, dépêchèrent aussitôt des courriers extraordinaires. MM. du convoi firent prendre la poste, et les Gendarmes français n'arrivèrent, qu'au moment où le Corbillard venait de s'embarquer.

Un mois après cette esclandre impie, un Envoyé de Rome vint annoncer à notre Roi que, selon bien des apparences, le jeune Dauphin son Neveu pouvait être du monde : Et que, s'il en allait de la sorte, le Souverain Pontife priait le Monarque « de ne point se faire sacrer. »

— « Nous avons trouvé (dit l'Ambassadeur), « dans nos Archives, *restituées par la France,* « un papier fort essentiel, une Allocution du

« grand pape Pie VI, mort à Grenoble. Cette
« Allocution, adressée au sacré Collège, trois
« jours avant l'enlèvement sacrilège de Pie VI,
« indique le jeune Louis-Charles De Normandie,
« comme retiré dans le Bocage, et l'y représente
« comme jouissant alors d'une parfaite santé. —
« Où est cette Allocution, Monsieur, s'écria le
« Roi? — La voilà, Sire, dit l'Envoyé d'Italie.
« Elle est signée du feu Pape, et revêtue du sceau
« de l'Etat. — Ce n'est là qu'une expédition,
« observa le Prince; je n'ajoute foi qu'aux origi-
« naux.— Les Archives des Souverains, reprit
« l'Ambassadeur, ne se déplacent que par vio-
« lence, les nôtres ont beaucoup trop voyagé.
« — J'enverrai donc quelqu'un sur les lieux,
« reprit le Monarque?.... Mais c'est une mauvaise
« difficulté qu'on veut me faire à Rome. Le Co-
« mité de *Salut-Public* n'oublia certainement
« point de tuer mon Neveu De Normandie. Il est
« bien défunt; et je le prouverai. »

Voilà, Monsieur, d'où provient, comme je vous
l'ai d'abord annoncé, le procès du faux Dauphin
Bruneau, qui se plaide à Rouen, par voie de ro-
cambole.

Adieu, Monsieur le Marquis : Je suis votre
serviteur bien dévoué, bien affectionné.

LETTRE SEPTIÈME.

Au Même.

Paris, février 1820.

Vous savez, à l'heure présente, Monsieur le Marquis, le déplorable événement, qui va retentir en Europe. La Famille Royale vient de perdre, dans la personne du malheureux Duc de Berry, non seulement le prince qui pouvait donner des successeurs à la couronne, mais encore un cœur généreux et militaire, capable de la protéger, au besoin. Aujourd'hui, que le pauvre Duc de Berry n'est plus, tout le monde s'accorde à reconnaître les bonnes qualités de son caractère, violent par intervalles, mais toujours équitable et bienveillant. Il descendait volontiers dans les plus petits détails des misères individuelles, et les bienfaits qu'il répandait, chaque jour, (très-souvent de ses propres mains), sont innombrables.

Les véritables causes de cette mort inopinée et terrible sont encore inconnues, et seront long-temps couvertes d'un voile. Je m'en vais vous confier, aujourd'hui, ce que je tiens de M. le

Duc de La Châtre, lui-même : Premier Gentil-homme de la Chambre, en exercice, il ne raconte rien qu'il n'ait vu.

Vous n'avez pas besoin que je m'explique sur le personnel caractère du Chef de l'Etat : Il vous est parfaitement connu, depuis nombre d'années : Et s'il m'est donné de lire à livre-ouvert, dans son âme, je le dois à mille explications, que je tiens de votre bonté.

Le Roi, s'étant aperçu que, même depuis Waterloo, ce qu'on appelle ici *le parti de la Vieille-Armée,* ne pouvait se désister de ses anciennes affections ; et que les conjurations, à tous momens dévoilées et punies, recommençaient, chaque jour, de plus belle et sur nouveaux frais, réfléchit profondément sur une position, facile pour un autre, infiniment difficile pour lui. N'ayant jamais aimé, dans toute sa famille, que ses nobles Ancêtres (dont il héritait), il prit le parti de se considérer comme un Roi sans lignée, sans descendance, même possible, en un mot, sans postérité. Il examina, comme bel exemple à suivre, ce que le vieux Roi de Suède venait de faire, à l'égard du malheureux prince son Neveu : Et il estima qu'en imitant ce Monarque injuste et barbare, il pouvait se donner à toujours la tranquillité.

Ne confiant son ténébreux dessein qu'à un dépositaire éprouvé de ses combinaisons métaphysiques, il le chargea d'en conférer avec une Femme théâtrale, dont le cœur, nuit et jour, palpite et palpitera d'ambition. Cette Femme, se reconnaissant beaucoup d'esprit, voulut *traiter* sans intermédiaire : le Cabinet royal lui fut assigné comme lieu d'entrevue. La géographie de ces lieux sublimes lui était familière : Elle s'empressa d'y venir.

Après un rapide échange d'assurances réciproques et de salutations de plain-pied, les deux Puissances tombèrent d'accord d'un premier Article : « L'Exclusion perpétuelle et *générale* des Bourbons. » L'Article-deux conserva la couronne à Louis - Stanislas pour sa vie durant, sans la moindre atteinte : Tous les Bourbons de France, bien surveillés, pendant sa vie ; Tous expulsés, le jour de sa mort.

Le Roi, ne demandant qu'à plaire aux Guerriers, offrit de choisir Napoléon II pour son successeur immédiat... La Femme théâtrale s'émut d'improbation, et dit qu'un tel choix soumettrait la France à l'Autriche. « Il faut un Français aux « Français, » ajouta-t-elle avec dignité ; « il faut « un Français valeureux, un Français aimé, un « Français aimable ; un Français qui sache le

« trône : Et mon Frère Eugène, lui seul, con-
« vient aux Français. »

—« Je veux, Madame, tout ce que vous voulez,
répliqua le vieux Monarque. Je me mets, dès ce
jour, à votre discrétion. Convenons du secret, à
nous quatre ; jurez-moi le silence, à cause de ma
Famille ; et ne nous séparons pas que tout ne soit
signé. » On se mit à rédiger aussitôt l'Exhérédation de la Famille Royale ; et la Femme théâtrale emporta son Acte, signé.

La Cour put remarquer, dès les jours suivans,
les graduelles froideurs du Monarque envers son
Frère. Aux froideurs se joignirent les dégoûts ;
aux dégoûts les rigueurs et les injustices : il y
eut défense au Duc de Berry de paraître au château. La jeune Epouse y venait, quelquefois :
mais pour la forme seulement, et pour des minutes.

Les volcans les mieux renfermés s'ouvrent nécessairement un cratère. L'Acte mystérieux eut,
on n'en saurait douter, quelque préliminaire et
partielle exécution, qui valut confidence. Quelques pairs du Royaume (et entr'autres le Comte
de Marcel.....) en furent instruits ; nos princes
connurent bientôt leur destinée.

Le Duc de Berry s'en indigna, au lieu d'opposer la ruse à la ruse : Et dans l'impétuosité de

son âme juste et sensible, il pénétra dans les Tuileries, malgré les défenses du Roi. Introduit dans la chambre-à-coucher, par le consentement secret d'un premier-officier de service, il vint reprocher à son Oncle l'excès de ce qu'il appelait « sa perfidie et sa trahison. » Louis-Stanislas, déconcerté, ne trouvait pas facilement une réponse. Enfin, se croyant en danger personnel devant le pétulant jeune homme, il appela vivement ses officiers et tous les serviteurs de la Chambre, qui ne vinrent pas. L'orage ne faisant que grossir, les reproches succédant aux reproches, la désobéissance aux impérieux commandemens, le Roi jetta son bourdon d'or à la tête du prince; qui, supplié par le Duc de La Châtre, sortit enfin de l'Appartement.

Le lendemain jeudi (par hazard ou autrement), son rapide cheval reçut deux coups de feu, sur le Carrousel, entre minuit et une heure..... Le dimanche suivant, on l'a poignardé.

Adieu, Monsieur le Marquis. Le siècle où nous vivons est fait pour dégoûter de la vie.

LETTRE HUITIÈME.

Au Même.

Paris, le jeudi   1820.

M. le duc de La Châtre est toujours bien sensible à vos souvenirs pleins d'amitié, Monsieur le Marquis. Le pauvre prince l'honorait d'une confiance toute particulière. Et maintenant, votre ami se reproche avec douleur d'avoir favorisé son introduction dans l'appartement de l'Oncle, qui, au surplus, ne pardonnera jamais au duc de La Châtre une condescendance ou complaisance, dont il ne doute aucunement.

M. le Duc a pu causer, une bonne demi-heure, avec moi, de cet évènement si tragique. Lorsque la nouvelle en parvint au Château, les valets-de-chambre allaient mettre le Roi dans son lit. Le premier - Gentilhomme , consterné, s'approcha pour lui dire avec émotion : « Sire, M. le duc de « Berry vient d'être assassiné, à l'Opéra. » — « A l'Opéra, dit le Monarque, sans altération ?..... » Cela n'est pas possible : On n'assassine point, ainsi, un prince, à l'Opéra. » — « Ah, mon Dieu,

« reprit le duc de La Châtre, la nouvelle n'est
« que trop-vraie, Sire! M. le comte d'Artois part,
« à l'instant même, pour se rendre auprès de son
« malheureux Fils. M. de Maillé l'accompagne ;
« Madame et son Époux s'y rendent, de leur
« côté. » — « Je ne crois pas un mot de tout cela,
« dit le Roi. La police de Paris est trop-bien faite,
« pour qu'un tel attentat ait pu avoir lieu. Que
« l'on me couche. Allons ; allons ; je devrais être
« couché. »

Une pareille obstination révoltait M. de La
Châtre. Mais il réfléchit, bientôt, que douter, en
occasion pareille, n'était nullement douter. Le
Roi fut placé méthodiquement dans son petit lit
portatif, et les valets se retirèrent, en se regar-
dant, tout étonnés.

Au bout d'une demi - heure, un courrier de
Madame étant venu pour le Roi, le premier-
Gentilhomme s'approcha de sa personne, et le
vit qui feignait de ronfler. « Sire, » lui dit - il,
« Sire ! en le mouvant, par - dessus ses draps,
« Madame vous fait dire que notre prince est au
« plus mal, et qu'il vous demande. » Le som-
meilleur rusé ronflait toujours. Et il le fallut
agiter et tourmenter, pour en avoir réponse. —
« *Qu'on me laisse*, s'écria - t - il ; *une semblable*
nouvelle n'est qu'une embûche. On me veut,

parmi les ténèbres, attirer hors de mon palais. La Châtre, je vous défends de continuer sur ce ton-là, ou bien votre fidélité va m'être suspecte. » Et il se rendormit : à sa manière, bien entendu.

Trois courriers vinrent, l'un sur l'autre : le Roi ne voulut rien écouter. Enfin, le jour commençant à paraître, plusieurs officiers entrèrent dans cette chambre, et ce fut à qui blâmerait le Roi. Il souleva sa tête alors, et dit : « La chose « serait-elle vraie !... Que l'on m'habille..... La « Châtre, donnez des ordres pour les voitures et « pour ma garde. J'irai donc : puisqu'on ne doute « plus du fait. »

Arrivé à l'Opéra, dans la petite chambre du mourant, il s'approcha de la Victime, qui parut le revoir avec plaisir, et lui adressa des recommandations, pleines de bonté, et des Adieux, qu'il ne méritait guère.

A ce spectacle, MADAME, retirée dans un coin de la chambre, croisait ses bras sur sa poitrine, et regardait le jongleur avec aversion et sévérité. Il la considéra, lui, deux fois, et d'un regard presque timide.

Après quoi, le prince ayant rendu l'Ame, il lui voulut *fermer les paupières,* à la manière des anciens Patriarches, et pour faire parler de lui.

La désolation du comte d'Artois ne peut être exprimée. Il se précipita, plusieurs fois, sur le cadavre immobile. Et sa figure perdit, en ce moment-là, ce reste de fraîcheur et d'air de jeunesse, qui faisait tant de plaisir à voir. Ses cheveux, qui n'étaient que mêlés, blanchirent. Il perdait son Fils spirituel, son Fils ami des Arts, des plaisirs et du monde, son Fils, à l'œil pénétrant, à la main ferme; qui, après s'être aguerri dans les durs campemens et les traverses, pouvait, un jour, soutenir sa Famille et sauver l'Etat.

Les larmes de ce tendre père coulaient, en présence de dix mille spectateurs, qui voyaient rentrer les voitures aux Tuileries. Le visage du Roi n'était qu'un visage méditatif. La jeune Veuve fondait en pleurs. Le Corps, enveloppé d'un grand Linceul flottant, occupait le dernier carrosse.

Ce Corps, tout-à-coup, abandonna le cortége; et s'en alla prendre sa place au Louvre, pour y recevoir les tristes regards du peuple, la première eau-Bénite des assistans, et les apprêts ou les parfums du sépulcre.

La Veuve courageuse aura, maintenant, deux grands devoirs à remplir : Elle servira de Fille et de consolation au meilleur des pères : Elle prodiguera tous ses soins à l'innocente Créature que le Mystère de la Formation environne, et que la Providence destine, peut-être, à perpétuer la race Auguste de nos Rois.

Dès le minuit suivant, les quatre Maréchaux d'Année, y-compris le duc de Bellune, Maréchal de service, se sont fait annoncer chez le Roi. Là étant, et le duc d'Angoulême auprès de son Oncle, ils ont donné leur démission : Déclarant « que si, malgré leur zèle et fidélité, de tels « attentats pouvaient se commettre, c'était à la « police seule, à répondre de la Famille Royale « et du palais. »

Le Roi, tout saisi, s'est récrié, d'abord, sur l'*excès* d'une pareille démarche. Mais, réfléchissant, bientôt, à l'indignation des Siens, et à l'opinion de l'Europe entière, il a consenti à délaisser son Ministre, qu'il aime, afin de conserver ses Majors-Généraux, et l'opinion.

L'Assassin se nomme *Louvel.* Il garde un profond silence : Il se croit soutenu. On lui avait promis trois millions, dont il n'aura touché que les arrhes.

Adieu, Monsieur, je vous récrirai.

LETTRE NEUVIÈME.

De l'auteur, au (feu) Roi Louis-Stanislas.

SIRE,

J'eus l'honneur d'informer Votre Majesté, il y a onze mois, que mon zèle pour la Mémoire de l'infortunée Reine Marie-Antoinette m'avait déterminé à faire graver son portrait en pied, d'après une magnifique peinture de Rossline, retrouvée, comme par miracle, dans les combles de François Ier. Cette gravure, nécessairement dispendieuse, s'exécute, sous mes yeux, par voie de souscription : Et je garantis qu'elle sera gracieuse et ressemblante. Les Souverains de l'Europe, touchés du triste sort de notre Reine, se sont fait inscrire, dès les premiers jours, sur ma liste, que leurs Noms honorent. Le Nom de Votre Majesté, n'y est pas encore, Sire!..... Je vous supplie de ne pas différer plus long-tems. Les Français vous en sauront gré : Toute votre Famille est inscrite.

Avant de faire imprimer cette liste-générale, et de la publier dans mes *Mémoires de la Reine,* j'ai cru devoir me permettre cette nouvelle instance respectueuse auprès de Vous. J'espère que votre esprit supérieur me la pardonnera : Peut-être qu'un refus de votre part nuirait à votre gloire.

Je me dis avec respect,

DE VOTRE MAJESTÉ,

SIRE,

Le très-humble, très-obéissant, très-fidèle serviteur
et sujet, etc.

Nota. Le Roi souscrivit, et la Liste fut imprimée.

LETTRE DIXIÈME.

A M. le marquis de Latour, à Londres.

Paris, ce lundi.

CHER MONSIEUR,

Le pauvre duc de La Châtre, votre plus intime et ancien ami, est bien malade en ce moment, au château de Meudon, où le Roi l'a envoyé, pour faire voir qu'il l'aime : Tandis que, par une éclatante et rigoureuse disgrâce, il est la cause de sa maladie, et probablement de sa mort.

Depuis la scène fatale que le duc de Berry

vint lui faire dans sa chambre, le Roi demeurait persuadé que son premier-Gentilhomme avait favorisé l'introduction du jeune prince : En quoi, certes, il ne se trompait pas. Mais il est également juste de dire que nul ne s'attendait à une si orageuse contestation, d'un oncle à un neveu.

Après les obsèques du malheureux prince, le Roi dit souvent à M. de La Châtre qu'il lui trouvait mauvais visage, et qu'il l'autoriserait, volontiers, à prendre un congé, pour aller se rétablir, soit à l'hôtel de Castres, soit à la campagne. M. le duc, qui n'avait aucune plainte à faire de sa santé, persista toujours à répondre à Sa Majesté qu'il était disposé à finir tranquillement son Année : Et c'est ce que l'autre ne voulait pas.

Enfin, un beau jour, le prince l'attaqua sur des choses de haute politique et d'administration. Il lui demanda son avis : Et M. de La Châtre, qui, après avoir patienté trente années, avait perdu, en ces derniers tems, toute sa supportance, répondit que le système adopté nous ramenait à la Révolution.

A ces mots, le Monarque s'écria, et lui dit : *La Châtre, vous m'êtes devenu insupportable. Que votre obstination ne fasse plus le tourment de ma vie. Allez : Et ne reparaissez jamais devant moi.*

Le nouveau duc salua profondément, et sortit du palais. L'indignation, et non la douleur, lui donna la fièvre.Cette fièvre est devenue bilieuse; de bilieuse, cérébrale : Et c'est au milieu de ce désordre de la machine, que le Roi, honteux de son injustice, a fait transporter le malade à son Château royal de Meudon.

Avant-hier, il voulut y aller, de sa personne. Son carrosse à grands embarras, vint jusqu'au château-neuf de Louis XIV. Là, il demanda des nouvelles de « *son cher Malade,* » et recommanda fort « qu'on ne le lui laissât pas igno-« rer. »

On m'apprend, à l'instant, que votre pauvre ami agonisait, au moment de cette visite ridicule, et qu'il a rendu le dernier soupir, ce matin. Le Roi a dit aussitôt, son *De profundis,* à demi-voix.

Son régiment de La Châtre, levé presqu'à ses frais, et mené à tous le combats, du tems de l'Armée des princes, ne lui a valu qu'une devise latine, ajoutée par notre Monarque à son Ecusson; les drapeaux de ce régiment pour cimier; et le titre de Duc (sans Majorat), lorsqu'on est rentré en France.

Le duc d'Aumont, en accordant toutes les obéissances voulues, a trouvé le moyen de faire payer, trois fois, ses vastes dettes : Monsieur de La Châtre, incapable de complaisances outrées, et d'abandonnement de principes ou d'amis, n'a eu, bien-strictement, que les émolumens de ses charges.

Si le Roi venait à mourir, un de ces jours, son panégyriste ne manquerait pas de dire à tout un auditoire : « Quel souvenir plus fidèle aux ser-« vices rendus ! Quelle générosité plus équitable, « plus judicieuse, plus magnanime !..... »

Adieu, Monsieur.

LETTRE ONZIÈME.

*A mylord Sigismond B***, à Londres.*

Paris, ce mardi 1820.

Oui, Mylord, toute la politique de notre Roi est écrite dans son regard : Et ce regard, ainsi que vous l'observez très-bien, est le plus faux qui se soit jamais vu, au monde. Son Aïeul Henri IV s'adapta les événemens, à force de les maîtriser : L'arrière-petit-fils, n'est monté sur son trône, qu'à force de soumissions et d'espoir.

On interprète comme génie, son grand sérieux, qui ne vient que d'orgueil. Il embrouille les Affaires les plus simples. Et sa duplicité fait son talent, qu'on vanterait moins, si on le connaissait mieux.

Louis XVIII ne manque pas de cette pénétration que la nature et l'éducation fournissent aux deux tiers des hommes. Il est d'un caractère tenace et persévérant, pour son intérêt. Mais son jugement ne répond pas à l'exigence de ses vues. Sa présomption lui fait comme un voile. Il s'imagine qu'il est né d'une espèce supérieure. Il se croit, même, supérieur à ceux de son espèce : Et il a la manie de penser que Dieu *le considère,* et lui doit de certains égards. C'est à cette vanité de son esprit, qu'il a dû, jusqu'ici, tous ses mécomptes; c'est à cette haute estime de lui-même, qu'il devra bien des mortifications encore. Il n'entend rien à se faire aimer. Il n'y songe même pas : C'est au-dessous de lui.

Vous vous rappelez, Mylord, que, durant ses angoisses de 1815, époque dite *des cent-jours,* il voulut contraindre, d'autorité suprême, MM. les Emigrés à reprendre les armes. Presque tous s'y refusèrent. Mais une quantité considérable de Volontaires-Royaux, s'organisa dans notre royaume : Et tous ces hommes de principes et de sentiment s'exposèrent à des suites incalculables, pour défendre leur légitime Souverain.

A peine rentré dans ses Etats, il fit fermer la grille de son palais à ces Militaires, animés d'enthousiasme; et il ne tarda pas à rendre une Ordonnance, qui les *amnistiait,* eux et tous ceux qui avaient accompagné ou suivi leur Roi, à l'Etranger.

Convenez, Mylord, qu'une pareille Récompense, est une étrange précaution pour l'avenir... A moins que Dieu n'ait donné sa parole au Roi que notre avenir ne verra plus ni complots, ni violentes oppositions, ni troubles, ni orages, ni renversemens.

En 1814, le Maréchal Macdonald, pour plaire à la Haute France, proposa, chez les Pairs, une petite Loi d'*Indémnité.* Le Roi le sut; et faisant de suite appeler sa Nièce, il lui dit, avec des yeux pleins de courroux : « C'est vous qui avez « lancé Macdonald, avec son impertinente pro- « position, et qui lui promettez le portefeuille « de la Guerre, comme récompense?..... Je vous « avertis qu'il n'en sera rien. Et n'allez pas vou- « loir imiter la Reine votre Mère, qui en se mê- « lant de faire des Ministres, perdit l'Etat. » — *La Reine eût sauvé la France,* répondit MA- DAME, *si des méchans ne l'avaient cruellement contrariée : Et je m'étonne de vos discours, vous qui savez ce qui en est. Je suis étrangère à la proposition de M. de Macdonald. Mais comme elle est fondée sur la justice, je ne peux m'empêcher d'y applaudir.*

Le Roi, désirant toujours, et à tout prix, se redonner les hommes de Bonaparte, voulait sauver le Maréchal Ney : M. de Richelieu lui résista, au nom de la Russie et des Puissances. Mais sur *la Valette,* il ne le contraria point, et ferma les yeux.

Le Roi, voulant persuader au parti et à la Famille Napoléon que la captivité de Sainte-Hélène n'était point *de son fait,* ordonna secrettement la remise et restitution d'une foule d'objets précieux, provenant des divers membres de cette famille. Mme Lætitia Ramolino, informée de ces heureuses dispositions, adressa, de Rome, à nos Ministres, une Réclamation, relative à son Hôtel (l'Hôtel de Brienne, près Saint-Joseph.) Cette réclamation, signée de l'Altesse Impériale et Royale, portait, en substance, une répétition d'un million six cent mille livres, pour dépenses et appropriations faites audit Hôtel, afin de le rendre plus usuel à Madame-Mère.

Le Roi sourit, en lisant cette Note désintéressée : Son apostille (à l'encre rose) la renvoya à qui de droit. M. de Chabrol-de Volvic, préfet de la Seine, y mit son approbation et son attache, et toutefois, réduisit la gratification à huit cent cinquante mille francs. Les plénipotentiaires de l'Altesse, venus à la Trésorerie, pour toucher, virent avec surprise et mécontentement qu'on leur payait ce quasi-million en monnaie blanche: Ils se récrièrent. Ils refusèrent. Et le Roi ordonna qu'au gré de leur demande, le Caissier du Trésor-Royal eût à payer Madame-Mère en Napoléons d'or, des mieux faits et des plus reluisans.

Vous voyez, Seigneur, que si Sa Majesté refuse l'*indémnité* à sa Noblesse Emigrée ou guillotinée, Elle ne frappe point de sa sévérité toutes les têtes indistinctement : Et qu'elle a, du moins, quelques égards pour l'émigration de Madame-Mère, laquelle n'avait emporté de France que trois millions et demi de revenu; sans parler des diamans et des tableaux, collection inappréciable, vous pouvez m'en croire.

Vous « ne comprenez pas pourquoi cette « inauguration subite des Missions, dans Paris et « dans nos provinces » : Je m'en vais vous expliquer cet imbroglio, qui n'est qu'une nouvelle bévue de notre Souverain, imprévoyant et astucieux.

Peu de tems après son second retour, il fit un

Concordat avec la Cour de Rome. Le principal Article portait que, *pour un bien de paix,* le Saint-Père sanctionnait les aliénations *effectuées* des Biens de l'Eglise, et que les biens invendus seraient rendus. Le Roi, dans la traduction latine qu'il fit répandre, étendit la sanction papale *à tous les biens indistinctement;* et de suite, il en continua la dissipation et la vente. La Cour de Rome, irritée, protesta. Le Roi, cherchant à la fléchir et à la tromper, lui a prodigué les Missions, les processions, les confrairies; et a promis *des opérations plus solides, pour un peu plus tard.*

Le petit Clergé français, qui manque de renseignemens, s'imagine que son Roi l'affectionne et le favorise : Mais les hommes habiles de ce Corps n'ignorent pas comme ils sont joués.

En établissant ces missionnaires-là, ces congrégations, ces nouveaux jésuites, le Monarque a un second but : C'est de religionner son Empire : Car il voit combien le Clergé espagnol soutient son prince, et combien le peuple d'Espagne est docile et confiant à son clergé. Pauvre cerveau, qui ne sent pas les différences! Le peuple d'Espagne chérit ses Evêques et ses moines, parce qu'il est peu riche, et qu'ils sont opulens. En France, au contraire, le Clergé ne possède rien :

Sa pauvreté fait et fera toujours son avilissement et sa disgrâce.

Au surplus, cet appareil subit de prédications a irrité les Acquéreurs des Biens de l'Eglise; ils prennent la chose au sérieux, quoiqu'à tort.

Dans tous les cas, Notre Monarque ne se désiste point de cette fameuse maxime qu'*il faut diviser pour régner.* Il s'y entête; il s'en glorifie. Lorsqu'on vint lui apprendre que le Coadjuteur de Paris (son Homme de confiance) avait été hué, outragé, frappé, à cette occasion-là, dans une de nos Eglises, le Prince dit, sans s'émouvoir : *Je le ferai Cardinal et Cordon-bleu : Mais qu'il tienne bon; j'ai pris mon parti.*

Adieu, Mylord.

LETTRE DOUZIÈME.

Au Même.

Paris, 30 octobre 1824.

Mylord,

La réclamation dont vous me parlez aurait dû être formée, beaucoup plus tôt, puisque la santé de notre Roi était évidemmment perdue, dès le printems dernier. Depuis long - tems, il n'avait plus l'usage de ses jambes : On le voiturait dans ses chambres, au moyen d'un fauteuil mécanique, dont il faisait jouer, lui-même, les ressorts ; et ce fauteuil, amené régulièrement le long des Escaliers du château, pénétrait, à ravir, dans l'intérieur des grands carrosses, qui le promenaient dans la ville, et hors Paris.

Le seize ou le dix-sept de mai, il éprouva un frisson général, suivi de quelques nausées ; sa *gras-fondure* commença aussitôt. Dès le mois suivant, ce prodigieux embonpoint avait disparu : Le mois d'après, ce corps, si bien soigné, ne fut plus qu'un squelette. Il nous faut tous finir, Mylord. Heureux ceux, qui en s'éteignant, n'ont pas d'énormes comptes à débrouiller, et de lamentables supplications à présenter au Grand-Juge ! Le Monarque, tout philosophe-moderne qu'on le supposait, a voulu mourir dans la religion de ses pères ; il a reçu tous ses sacremens, comme le plus simple individu. On l'a entendu réciter quelques versets de pseaumes ou de prières ; il a parlé de sa fin prochaine, sans témoigner effroi de la mort. Il est vrai que sa vie n'était plus guères supportable : En le rappellant, Dieu le débarrassait avec bonté.

A peine expiré, on l'a mis sur son petit lit de

fer, pour être montré au peuple, suivant l'usage. Les cinquante ou soixante personnes qui ont été admises dans la chambre mortuaire, ont reconnu le trait général de sa figure : Mais cette figure, étonnamment réduite, leur a semblé le visage d'un tout petit enfant. Le linceul, remonté, lui fesait comme une coiffure blanche. Il tenait un Crucifix dans ses mains. Ah, Mylord ! était-ce bien la peine, pour en venir là, d'ajouter à son apanage de prince, tous les immenses domaines, que vendaient successivement les particuliers ! Etait-ce la peine d'irriter son Frère contre les Ordres de l'Etat, contre l'antique gouvernement des Français et contre la Magistrature ! Etait-ce bien la peine de jeter la discorde au sein des Etats-Généraux, de séduire à tout prix leurs plus dangereux orateurs, et d'amener tous les excès qui enfantèrent la république !!! Un pauvre petit lit de fer, un linceul de quarante francs, un Crucifix des plus ordinaires, voilà tout ce que j'ai vu, pour dernier héritage, au plus ambitieux des mortels.

On l'a ouvert ensuite, pour l'embaûmer. Le docteur M ***, l'un des médecins, a chargé une personne de m'apprendre que le cerveau de Louis XVIII, par une exception toute extraordinaire, s'était trouvé de moitié moins volumineux

que les autres cerveaux : Attendu que l'intérieur
de la tête, ossifié dans l'une de ses portions, n'avait
laissé à ce cerveau tout particulier que l'autre
moitié de l'espace. Une telle conformation venait
de nature : Et voilà pourquoi le jugement du
Comte de Provence nous avait toujours paru
faux, essentiellement faux.

Le nouveau Roi conserve et maintient tous les
Ministres ; mais il s'est déclaré, *officiellement,*
« moins habile et moins éclairé que son Frère. »
Cette déclaration, que rien ne rendait indispensable, peut lui faire beaucoup de mal, après lui
avoir fait beaucoup de tort.

L'Indémnité générale, dont le Roi défunt n'a-
vait jamais voulu s'occuper, ne tardera pas à être
enfin proposée et décrétée : Mais M. de Villèle
la rédige, dit-on, d'une manière hostile aux malheureux dépouillés. On va les enlacer de formules, de délais, de restrictions, de frais sans
nombre : Et la plupart de ces tristes fantômes,
iront encore mourir dans les hospices, avant d'a-
voir rien obtenu du Trésor.

P. S. La Collection dont j'ai eu l'honneur de
vous parler est, ce me semble, bien précieuse ;
ce sont les dessins originaux des Sacremens du
Poussin, exécutés par ce Maître lui-même, sur
bois d'oranger. La conservation en est admira-

ble. Le propriétaire, qui vend à regret, m'a prié de m'en occuper.

<center>~~~~~~</center>

LETTRE TREIZIÈME.

A M. le marquis de Latour, à Londres.

Paris, novembre 1824.

Le feu Roi, tant que le père Elysée a vécu, n'avait point perdu l'espoir de recouvrer ses jambes ; et il faut convenir que ce Moine, habile dans l'art d'Esculape, soignait le prince admirablement. Après sa mort, les médecins quittèrent sa méthode, et le mal fit de rapides progrès : Non parce que la méthode était changée, mais parce que toute humeur corrosive et inhérente poursuit sa marche, au gré de Dieu, qui fit les créatures avec leurs variétés et leurs accidens.

Le Roi, se voyant à peu près perdu, s'occupa du choix de son panégyriste, afin de pouvoir, en petit comité, lui tailler lui-même sa besogne, à ce qu'on dit. Mourir, au sein des trésors et des grandeurs, lui semblait une condition bien dure ; mais puisque ni M. Dupuytrén, ni toute la science humaine ne pouvaient l'affranchir de cette calamité, il lui restait, du moins, une satisfaction, celle d'un magnifique enterrement avec son Oraison-funèbre.

M. l'abbé Fraissinous, Evêque d'Hermopolys, a prononcé, à Saint-Denys, cette fiction académique, dont les amateurs ne disent ni bien, ni mal. D'après l'orateur, le défunt possédait tous les talens, toutes les qualités, toutes les vertus : Et cet Eloge mortuaire aurait pu servir à Henri IV, tout-aussi-bien qu'à Louis XVIII.

Les auditeurs ont été frappés, néanmoins, d'une particularité : C'est que le prélat, panégyriste du *Fondateur de la Charte,* n'a pas dit un mot de cette Charte. Une pareille réticence était, bien assurément, concertée : Mais la haute société n'en doit rien conclure : Car le nouveau Prince va bon jeu-bon argent, sur ce sujet-là. Tous ses discours, tous ses actes journaliers, toutes ses vues ne tendent qu'au maintien des choses, faites par la révolution et son prédécesseur.

On parle beaucoup d'une autre Oraison-funèbre du dernier Roi, qui ne sera prononcée dans aucun temple, mais que l'auteur n'en destine pas moins à l'impression. Cet écrivain est M. l'abbé Liotard, assez fameux, en cette capitale, non par ses œuvres littéraires, mais par son petit

Collége-Stanislas, rue Notre-Dame-des-Champs, faubourg Saint-Germain.

La position de cet Instituteur était brillante et prospère, autant que possible : et la Fortune avait amplement couronné ses longs travaux. La France et l'Europe entière estimaient ses pensionnats et son nom. Tous les pères de famille lui amenaient leurs fils. Sa santé robuste, son activité infatigable le mettaient à même de surveiller, de diriger, de tenir saines et florissantes ses vastes et nombreuses maisons. Tout à coup, une dame, honorée de la confiance du feu Roi, l'a désigné comme possédant les plus rares qualités administratives, et professant une admiration sans bornes pour son Souverain. Le Souverain, lié dans son fauteuil, a voulu voir cet homme extraordinaire, ce Mont Atlas, capable de porter un Monde sur ses épaules, sans en être seulement incommodé. Il est venu. Il a parlé. Il a plû, sans réserve. Une haute surveillance lui a été, dit-on, confiée : Et par ses liaisons multipliées, par ses dispositions additionnelles, par un ensemble habile et promptement organisé, il a pu seconder et justifier une recommandation sans bornes et une confiance sans restriction. Surveiller toute la surveillance d'un empire, n'est pas une faible tâche : Il a rempli cette tâche difficile avec la plus étonnante facilité.

Le Roi, dès lors, lui a promis l'épiscopat, et la grande-Maîtrise de l'Université, que M. d'Hermopolys possède. Cette dernière promesse, quoiqu'environnée de mystère, a transpiré, et M. l'abbé Liotard, voyant décliner le prince, est allé se renfermer vîtement au séminaire des Missions-Etrangères, où ceux qu'on va faire évêques se mettent en retraite, pour un certain nombre de jours. Désigné comme Evêque de Limoges, il en a reçu les complimens, d'une foule innombrable de visites, qui ne lui laissaient pas deux minutes pour se recueillir.

Au milieu de ces agitations de son esprit, le dépérissement du Monarque allait le train de poste. La dame protectrice, à la veille elle-même, de perdre toute protection, n'a pu consommer son œuvre. La Mort, l'affreuse Mort s'est assise sur les hauts combles des Tuileries : Et Monseigneur de Limoges est demeuré *un imparfait.*

Monseigneur de Fraissinous, échappé à son péril, a pu chanter victoire : Mais à la vue d'un Cercueil plein de royauté, il a modéré sa joie. Il s'est contenté de faire savoir, aux Missions-Etrangères, que son Rival ne serait ni promu, ni sacré, ni Grand-Maîtrisé.

Alors, M. l'abbé Liotard, qui, en véritable homme d'esprit, a retrouvé tout son caractère, s'est dit à lui-même qu'il ne faut compter, ici-bas, que sur soi-même. Il a regretté les tems où ses pensionnats lui donnaient l'opulence. Et malheureusement, cette opulence, mise à mille épreuves par des frais et des avances inouïes, a complettement disparu.

Peu content de l'oraison Funèbre-Fraissinous, il s'est mis à fabriquer la sienne. Et le public comparera ces deux talens, qu'on peut, en tout état de cause, surnommer *rivaux*.

Adieu, Monsieur. Si vous tenez à lire ces deux étranges compositions, je vous les enverrai l'une et l'autre ; Et je vous souhaite le bonjour.

LETTRE QUATORZIÈME.

Au Même.

Paris,   1827.

C'est une chose étrange, Monsieur le marquis, que cet aveuglement personnel des Souverains, et cette persévérance que nous leur voyons à éteindre eux-mêmes, dans l'esprit des peuples, toute révérence et tout respect pour la Majesté

Royale!... Comme si la Révolution Française n'a
vait pas donné d'assez mauvais exemples, dans
ce sens là. Votre Prince-Régent est un homme
assez avisé, j'en conviens, pour l'Administration
d'un grand empire ; mais quel fléau pour les Monarchies que son horrible procès de vengeance,
commis à la Chambre des pairs ! Après l'odieux
attentat, dont la Reine Marie-Antoinette fut victime, fallait-il voir une Reine encore, livrée aux
accusations les plus humiliantes, et soumise à la
juridiction de ses propres sujets !

L'orgueil de la Démocratie, à-peine vaincue,
à-peine assoupie, se réveille avec fracas, parmi
ces aberrations de la politique Suprême. Et il
n'est pas une tête couronnée, en ce moment-ci,
que les Novateurs n'aient l'intention de juger solennellement, et la ferme intention de proscrire.

Votre Cabinet désorganisateur s'est promis de
favoriser toutes les séditions européennes. Oubliant son propre intérêt Aristocratique, le voilà
qui soutient, le voilà qui soudoie les Mexicains,
les Péruviens, tous les Colombiens et basanés
d'Amérique, au préjudice des Métropoles, livrées à d'autres perturbateurs, soutenus.

Quelque immense fléau, caché dans les livres
du Destin, atteindra, je n'en puis douter, cette
Angleterre dévastatrice. Et les infirmités de votre

Roi matérialiste ne sont, à lui, que le prélude de ses grands chagrins.

La Russie, malgré ses revers à-peine soulagés, se jette aussi dans le vaste champ des désordres. Ses domaines incommensurables sont, à ses propres yeux, un enclos trop-étroit. Parce qu'elle transit à Pétersbourg, elle veut aller griller sur les rives lointaines du Bosphore. Elle révolte les Grecs contre leur Sultan concessionnaire, et vient enseigner à tous les peuples du Monde que les vieux Traités d'Alliance, ou de Fusion, ou de Conquête, doivent être rompus et foulés aux pieds. Mais quel Empire résistera donc aux maximes d'un tel Manifeste ?... Quelle province, même Moscovite, ne recherchera bientôt son ancien état primitif et sa liberté !

A deux pas de nous, l'Espagne et le Portugal, insidieusement agités, entretiennent l'espoir de nos mécontens en chef, ou subalternes. Au dessus de ces conspirations presque dévergondées se soutient, ici, par un mécanisme puéril de bascule, notre Ministère routinier. M. de Villèle est à la tête. Cet homme d'esprit manque, il faut bien le croire, de jugement : Car, à deux pas du gouffre, que chaque minute élargit, il a sommeillé en paix ; n'a vu que ses manipulations financières ; et n'a cessé de représenter au Roi les alarmes ou les regrets des Royalistes comme les uniques dangers de l'Etat. Il a fait son cousin Archevêque : et il ne donne au clergé d'autre nom affectueux que *la prêtraille.* Il est noble, comte moderne, et ancien marquis : Et il n'y a rien qu'il se soit plû à contrarier comme les tristes réclamations de la noblesse ruinée. Pouvait-on prévoir, Monsieur de La Tour, des variations aussi déplorables !... Il est vrai qu'avec son titre imposant de Premier-Ministre, M. de Villèle n'est que le premier-Commis de l'Abbé de Latil.

Celui-ci, beaucoup moins habile-homme que Mazarin, mais beaucoup plus rusé que ce Cardinal haï de la Fronde, se tient caché derrière la tapisserie, afin d'écarter, d'autant, les investigations du public. Il commande à tous, par la voix d'un autre. Il change, il réduit, il extermine, par la main d'un autre : Et quand il lui convient de sacrifier ses prête-noms, il satisfait les exigences Oppositionnaires, sans perdre une demi-once de son autorité. Un nouveau Ministre apparent se fait voir alors sur l'avant-scène : on siffle l'Acteur, et non le Souffleur.

M. de Villèle, m'assure-t-on, commence à s'apercevoir que le vaisseau fait-eau de bien des manières, et qu'il serait tems de constituer enfin l'Etat. Mais, d'autre part, l'abbé de Latil s'aperçoit que l'ascendant de son premier-commis devient extrême. Sa jalousie l'emportera bientôt sur ses besoins : Et vous allez voir, au premier-jour, M. de Villèle supprimé. Qu'importe au prélat que l'Etat périsse, pourvu qu'il assiste encore au débris !

Puissent mes prédictions n'être que des alarmes ! Mais des symptômes, uniformes, n'annoncent-ils pas, d'ordinaire, les mêmes dangers?... La liberté de la presse, rendue par notre bon Prince lui-même, outrage, chaque jour, sa personne, et chaque jour attaque ses droits. Pour peu que sa tolérance faiblisse encore, il est pris à la gorge, chacun en convient.

Adieu, Monsieur. Puissiez-vous goûter encore quelque tems la tranquillité, sur votre territoire volcanique, et n'être pas réduit à fuir aussi l'Angleterre, pour aller chercher la paix, vers le Pérou !

Je me dis, affectueusement, votre plus dévoué serviteur, etc.

LETTRE QUINZIÈME.

Au Même.

Paris, 26 décembre 1829.

Non, Monsieur ; les Mémoires dont vous me parlez ne sont point de l'impératrice Joséphine, quoiqu'ils en portent bravement le Nom. Mais ne renoncez point, pour cela, au désir que vous avez eu de les lire : Vous y trouverez plusieurs petites circonstances qu'il est bon de connaître : J'y ai reconnu, moi-même, des faits, dont je ne saurais douter.

- Les Mémoires sont, aujourd'hui, l'unique aliment de la curiosité publique ; mais la librairie en abuse. Elle nous jette à la tête une foule de Mémoires apocryphes, et bien-évidemment supposés.

Les *Mémoires d'une Femme de qualité* sont la production d'un homme d'esprit, qui s'est fait mettre au courant de mille petites aventures particulières, dont il s'est formé un joli butin. Comme il n'a pas encore, je crois, dépassé la trentaine, il ne peut avoir vu tout ce qu'il raconte; mais il enchâsse très-bien ses ouï-dire : Et ses premiers volumes ont fait moisson.

A l'égard de *Napoléon I*, je suis de votre avis. Sa captivité, perpétuelle et sans espoir, a dû nécessairement aigrir cette humeur, déjà si prompte et si colérique : Le prisonnier aura beaucoup parlé, dans son dernier Réduit. Mais il est évident que ses secrétaires-auditeurs ne se sont pas refusé le doux plaisir d'augmenter la dose : Et que leur *Mémorial* (d'un style analogue et imitatif), est le Testament du grand César : Pièce, comme chacun sait, des plus complaisantes et hospitalières.

De vrais Mémoires de Napoléon seraient un livre, précieux au plus haut degré possible. Mais Napoléon ne pouvait se *confesser,* comme Jean-Jacques : Des confessions *véritables,* nous auraient fait trembler... Et un Homme, cependant, qui eût pu faire son bonheur, et le bonheur du monde !

Mme de Beauharnais, avec moins de paresse et plus de courage, eût pu donner à l'univers de bien-intéressans Mémoires. Elle en avait témoigné l'intention ; mais sa bonté ne lui aurait jamais permis cette complète sincérité qu'exige l'Histoire. Et n'ayant pas le cœur d'affliger les autres, elle ne pouvait se maltraiter elle-même : Car elle s'aimait.

Une dame existe encore, au sein de Paris, qui, plus que toute autre, pourrait écrire des choses bien étonnantes. Cette Femme est douée d'un esprit infini. Elle a vu des choses sans nombre. Elle a reçu, elle a vu librement, elle a découvert et démêlé par espiéglerie une foule de secrets sans pareils. Vous l'avez vue, Monsieur, si-non à Versailles, du moins en Allemagne : Je vous parle de Mme la comtesse de Balby.

Le prince, qu'elle accompagna dans son Emigration, et pour la satisfaction *spéculative* duquel on la vit sacrifier sa renommée, a fini par se lasser de son commerce. Il l'a délaissée, en Russie. Il a dédaigné ses lettres et ses placets, aux Tuileries. Il lui a intimé l'ordre d'habiter Montmorency et d'éviter la capitale. A ces conditions, très-expresses, il lui faisait mille francs par mois. Il est mort. Elle est libre. Et le nouveau Souverain lui a conservé sa pension. La marquise de Chabrill... sa Nièce, lui donne un superbe logement dans son Hôtel : On l'y environne de complaisances et de soins.

Vous me demandez, Monsieur, en quoi consistent *ces grands biens*, dont on vous parle en Angleterre, comme donnés ou laissés, par

Louis XVIII, à la comtesse du Kaila. Il serait bien glorieux, s'il pouvait connaître ces belles exagérations qu'on fait de lui sur la terre.

Il avait fait bâtir, dans le joli parc de Saint-Ouen, au bord de la Seine, une haute maison carrée, de cinq croisées, sur toute face; et cette maison, hyérogliphique, était destinée *à prouver ses bonnes intentions*, comme prince Législateur. Saisissez-moi bien, s'il vous plaît, Monsieur : Car il y a, dans tout ceci, du mystère.

L'Architecte, au gré de sa commande, a mis dans la partie souterraine de l'édifice, une petite Eglise, ou Temple, au-dessus de laquelle, ou duquel, est un joli caveau. Dans ce caveau, tout revêtu de marbres, on devait placer un coffre précieux : Dans ce coffre, une chose plus précieuse encore : Je veux dire la Charte de Louis XVIII, gravée sur une épaisse table d'argent. Un Monument, comme vous diriez un Autel grec, orné d'inscriptions et de sentences, devait poser et s'affermir sur cette Charte, ainsi logée, et le Saint de cette chapelle, aurait été la statue de Louis XVIII Fondateur.

Au total, l'élégant château nouveau-né, devait s'appeler *le Berceau de la Charte* (à cause qu'elle fut donnée en ce lieu-là). Mais une Dame, qui badine peu, et dont les réflexions sont parfois sévères, observa qu'*un berceau*, pratiqué sous terre, avait toute la mine d'*un tombeau*.

Sur des sujets pareils, il ne faut jamais donner accès à l'épigramme. Le prince le sentit si bien, qu'il ne fut plus question de mettre la Charte au berceau: Elle était déjà bien grandie, et bien avisée.

Ne pouvant plus donner Saint-Ouen à la Charte, le Roi l'a voulu donner à Mme du Kaila.

Cette dame y a laissé subsister le petit Temple souterrain; le corridor anti-moisisseur qui l'entoure; la jolie sacristie qui s'y adjoint: enfin, toutes ses gentillesses mystérieuses, mystiques, mythologiques. On y dépose les vins délicats, en attendant mieux: Et cinq ou six fois, en été, la baignoire.

Mme du Kaila n'a guère obtenu de son illustre Protecteur qu'une cinquantaine de mille livres de rentes : Et, certes, ces libéralités n'ont pas été proportionnées aux immenses richesses du Donateur, à ses assiduités maladives et fatigantes, à ses conversations prétentieuses, et à une sorte de mauvais renom, qui pouvait suivre de tout cela, bien injustement.

Cette dame spirituelle est Fille de M. Denys Talon, Avocat du Roi près le Châtelet, et qui, en cette qualité, reçut le *Testament de Mort* du

marquis de Favras, indignement traîné au supplice. Le Testament de Mort, dont il s'agit, renfermait des inductions, des plaintes amères contre
le prince, « qui abandonnait et reniait son Man-
« dataire, trop dévoué. »

L'original de cette Pièce importante avait passé
de l'Hôtel-de-Ville, au cabinet de M. Talon.
Celui-ci l'avait légué à Zoë sa chère Fille... Cette
dame le remit et donna au Roi.

Voilà, au vrai, tout le secret de cette fameuse
Liaison, que la calomnie a défigurée, et sur laquelle vous aviez flotté, vous-même, un instant.

Adieu, Monsieur le Marquis : Je donnerai,
peut-être, une suite à la présente : J'aime à vous
conter ce que je sais au vrai.

LETTRE SEIZIÈME.

Au Même.

Paris, 1er janvier 1830.

Je vous souhaite une bonne et heureuse Année, Monsieur le Marquis : Non seulement parce
que c'est l'usage, mais aussi parce que je vous suis
bien sincèrement attaché. Je ne sais ce qui se

passe en moi : Mais un secret pressentiment m'a-gite, et semble me dire que nous touchons à de grands malheurs. Sous le meilleur Roi que pût jamais souhaiter la France, sous un Roi qui se retranche tout à lui-même, qui répand tous ses revenus en largesses, et qui a déjà considérable-ment diminué les impôts, je vois circuler, parmi la bourgeoisie et parmi le peuple, des sentimens d'une opposition quasi-révolutionnaire, nés, bien évidemment, de l'erreur. Les mal-intentionnés supposent au Prince des intentions secrètes con-tre sa Charte, dont il est, au contraire, le plus zélé partisan. Ils le présentent aux menus esprits comme entiché de bigoterie et de dévotion, tan-dis que le Roi Charles (ancien Comte d'Artois), n'est religieux que dans la juste proportion de son âge, de ses réflexions méditatives, et de la Magistrature d'exemple où la Providence l'a mis. Il a si-peu l'intention de rétablir le Clergé dans ses biens, qu'il met en vente, chaque jour, ses derniers domaines : Témoin le vaste enclos des Dames de Belle-Chasse, où tous les libéraux se bâtissent aujourd'hui des maisons, comme des châteaux suzerains.

Il a fait décréter, véritablement, une *Indém-nité*, pour les familles spoliées. Mais cette In-démnité n'en mérite pas le Nom, puisque, après trente-cinq années d'une privation rigoureuse, elle n'accorde aux malheureux proscrits qu'*une annuité*, tout-au-plus, de leur ancien revenu. Ce n'est pas même une gratification : c'est un léger souvenir, c'est une aumône. Et remarquez bien, Monsieur, que les somptueux mobiliers, que les capitaux saisis, que les fonds prodigieux prêtés noblement au Roi Louis XVI, dans ses nombreux Emprunts, n'ont aucune part à cette sublime Indémnité; ni les charges de Cour, acquises à si haut prix, ni les hauts Grades militaires, ni les opulentes charges de Magistrature. Toutes ces *grandes propriétés*, qui faisaient des fortunes, ont péri dans le Gouffre. En revanche, l'*Indémnité* retient aux familles proscrites les sommes *nominales* payées (en leur absence, et sans débats) à leurs créanciers vrais ou faux, connus d'elles ou imaginaires : Les Cahiers *du District* en font foi, et loi.

Voilà la fameuse *Indémnité* que l'inhumanité féroce reproche à la Famille Royale : Tandis que les Héritiers de la Gironde, de Fouquier-Tinville, de Robespierre et de Carrier sont *indémnisés*, comme leurs victimes.

Puisque le Roi Charles, en donnant cette loi, avait *pour but principal* de tranquilliser les Acquéreurs Nationaux, il eût bien mieux fait, vous en conviendrez, Monsieur, d'imiter (ainsi que je le proposais), le célèbre Aratus, de Sicyone : Lequel, rentrant dans sa patrie, avec ses Emigrés (dépouillés pour l'avoir suivi), laissa toutes les aliénations de biens, intactes; et distribua noblement ses propres domaines aux proscrits.

Par ce moyen, tous les intérêts furent satisfaits; toutes les jalousies, toutes les alarmes cessèrent. Le Prince fut un peu moins opulent et moins encombré de Régisseurs : Mais il ne vit autour de lui que des physionomies ouvertes, et des cœurs amis et reconnaissans.

En Révolution, l'économie est un grand mal. Ce n'est qu'avant et après ces grands incendies, qu'il faut ménager l'eau des fontaines et des bassins.

Notre littérature vous paraît « un peu sortie de « ses bonnes règles et de ses voies. »... La Littérature, Monsieur le Marquis, c'est le siècle : C'est la société : C'est le moment. Comme il n'y eut jamais de vogue que dans le scandale et la contradiction, tous nos jeunes Talens contredisent. Et la Famille respectable, qui nous gouverne, est destinée, peut-être, à n'avoir des appréciateurs et des amis, que le jour où Dieu nous l'enlèvera. En attendant, M. de Quélén (que l'on a fait Quarante, pour ses productions à venir), prodigue ses Mandemens mi-satyriques, mi-onctueux, à ces vieilles Libertés-Gallicanes, que rajeunissait, naguères, l'Abbé Maury.

M. de La Menais, qui est clair et intelligible, quand il le veut, outrage indécemment Louis XIV, à l'occasion de ces mêmes Libertés-Gallicanes; dont il ne faut accuser qu'un Pontife aggresseur et Bossuet. Et il prête à Fénélon une Lettre odieuse, qui (si elle n'était supposée) eût mérité au prélat bien autre chose que l'exil.

M. de La Martine, toujours fidèle à lui-même, n'écrit que ce que l'univers lira dans tous les tems.

M. de Bonald, ce penseur judicieux et persuasif, ferme ses bons yeux, crainte de voir l'orage. Mais il l'entend. Et il parlera, sans doute, quand tout sera fini.

M. Victor Hugo, talent preque divin, que la Légitimité chérissait avec orgueil et reconnaissance, s'est refroidi, tout-à-coup, et sans savoir pourquoi. Semblable aux amans vulgaires, il offense aujourd'hui ce qu'il encensait hier. Il veut immoler un Roi-Bourbon sur le Théâtre!!... Au lieu de se ressouvenir que les Révolutions brisent les fauteuils Académiques, et traînent les Buffon et les Lavoisier sur de vils échafauds.

M. de Chateaubriand, cet esprit qu'on dirait supérieur, quand on prend tant de plaisir à son style, ne pardonne point à Messieurs de Latil, de Damas et Fraissinous de lui avoir brusquement et indécemment retiré son Ministère. Désirant humilier ces trois potentats, il les harcèle périodiquement dans les Gazettes. Mais il ne voit pas le mal qu'il fait, par ces actes inconsidérés, à son malheureux Maître... Il s'en repentira, peut-être, au premier moment; car ses nouveaux amis le détestent : Et il le sait. Bonjour, très - cher Monsieur : *Vale semper et ama.*

LETTRE DIX-SEPTIÈME.

Au Même.

CE n'est pas le Roi, Monsieur le Marquis, c'est le Cardinal de Latil qui a renvoyé, dans le tems, M. de Villèle, comme empiétant sur ses prérogatives et ses droits. Ce Cardinal, étroit et faible génie, s'imagine qu'en donnant suite au système de Bascule, mis en œuvre par M. Decazes, sous Louis XVIII, il tiendra les partis dans ce même équilibre, et qu'on pourra continuer de vivre, ainsi, au jour le jour. Mais quelle énorme différence entre les époques! Alors, on était encore à deux pas des sanglantes exécutions du Maréchal Ney, des Labédoyère, des Plaignié, et de quelques autres cervelles entreprenantes. On avait pour Prince un homme sérieux et mauvais, connu pour un puits profond à la Louis XI. Toutes ces réflexions faisaient peur. Mais aujourd'hui, les Parisiens savent qu'ils ont pour Maître, un prince transparent et sans détour, qui sourit au premier venu, et ne garde rancune à personne. Avec celui-là, les conspirations sont à leur aise : elles n'ont pas même besoin de se cacher. « Nous vous refuserons les impôts, en nous *As-* « *sociant* contre votre autorité, » lui disent, un beau matin, les Gazettes. Et ce que les Gazettes donnent comme simple menace, les Associés l'exécutent, peu de jours après. L'incendie, cette arme terrible des Sauvages, est, chez nous, jusque dans la main des enfans. Une immense police tient dans ses filets tout notre Royaume : et tandis que les flammes dévorent les fermes solitaires et les forêts, même en plein jour, aucun incendiaire n'est convaincu ; nulle révélation n'est acquise. Au milieu d'un débordement si général d'insubordinations et de crimes, il nous faudrait, non un petit Cardinal de Latil imperceptible, mais un énorme Cardinal de Richelieu : Lequel avait six pieds réellement, et ne se cachait pas derrière les rideaux, quand il fallait prendre en flagrant délit, et jusque dans leurs châteaux fortifiés, les fiers ennemis de son Maître.

M. de Polignac, décoré du nom de premier Ministre, n'est là que pour la montre et la figure : c'est l'abbé de Latil qui fait tout. Ancien secrétaire-Chapelain de la Comtesse de Polastron, tante maternelle de MM. de Polignac, l'abbé de Latil s'est choisi le prince Jules, qu'on peut regarder comme son ancien élève, et qui, dans tous les cas, n'a rien à lui refuser. Le petit peuple s'obstine à voir, dans ce prince-Polignac, un fils naturel du Roi Charles X. C'est une de ces grossières bévues où le petit peuple tombe aisément. Car, livré, lui, par sa grossière nature, à tout le vagabondage de ses passions, il s'imagine qu'il en est, des rangs élevés, comme de ses taudis et de ses tavernes. Un homme du peuple a mis des enfans de tous les côtés : Et ce qu'il a fait, il veut qu'on le fasse.

Pour le repos du Prince régnant et du prince Jules, on devrait installer vîte un nouveau Ministre ; et choisir même un beau Libéral, des plus entêtés : Ce qui rendrait les Libéraux bien surpris, je vous assure. Que leur servirait alors de troubler l'Etat, puisqu'ils auraient enfin ce qu'ils veulent !

On vous a bien trompé, Monsieur, si l'on vous a dit que la santé du jeune Duc de Bordeaux décline : Jamais il ne s'est aussi bien porté. A mon avis, ses précepteurs lui enseignent trop de choses ensemble : Et, cependant, la nature l'a doué d'une si excellente mémoire, que tout ce qu'il y a de marquant et de mémorable dans les Fastes, se classe avantageusement dans son cerveau. Il joint la réflexion au bonheur de retenir. Un jour, à sa leçon d'Histoire moderne, il lisait le passage où Louis XVI, mandé à la Barre de l'Assemblée Nationale, tâche de ramener les tigres à des sentimens plus humains. Mme la Dauphine survient. Le jeune Ecolier, qui l'aperçoit dans la salle voisine, ferme aussitôt son livre, d'un air de commisération, et dit à son précepteur : *Laissons cela, Monsieur, voici ma pauvre Tante.*

Généreux Enfant ! Tu as déjà pitié des malheureux : Puisses-tu n'avoir jamais besoin qu'on ait pitié de tes infortunes !

Sa jeune Sœur pétille de réparties ingénieuses; on en cite des quantités. Sa taille se développe d'une manière très-sensible; et comme elle est, et sera très-jolie de sa personne, quelque grand prince de nos voisinages va nous en déposséder, au premier jour.

Mme la Dauphine conserve une grande fraîcheur de teint; mais un certain embonpoint se déclare.

Oui, Monsieur, le délicieux château de Saint-Cloud lui appartient encore : du chéf de la Reine sa Mère, qui l'acheta, des deniers de sa dot, en 1786, et qui, seule, y donnait des ordres et nommait aux emplois. Vous vous rappelez, peut-être, Monsieur, avoir lu, en gros caractères, sur les poteaux des Commandémens : DE PAR LA REINE.

Hélas! son autorité, qui dura si-peu, était adorée dans le village. Et comment ne l'aurait-elle pas été! A peine installée dans *son petit Royaume*, la Reine s'occupa sans relâche du bien-être de ses habitans. Elle entra dans plusieurs maisons, où elle accepta des rafraichissemens, et répandit ses largesses. Elle fonda un Hospice de plusieurs lits, dont elle traça elle-même les salles, les offices, les cours, les jardins. On y voit encore un lit blanc, dont sa main élégante et charitable a cousu les rideaux.

L'Eglise paroissiale n'était qu'un petit et pauvre oratoire : Elle l'abatit; et mit en sa place la grande et belle Eglise dont nous voyons les premières assises (interrompues), les piliers *neufs,* déjà ruinés et avilis. Sa mort, et quelle mort!..... vint arrêter et anéantir toutes ses bonnes œuvres. On avait espéré que sa Fille achèverait les constructions.

Le 13 octobre 1793, les habitans honnêtes de Saint-Cloud, ayant lu, dans le journal, que la Reine allait être mise en jugement, se rassemblèrent dans une grange, et ayant fait choix, parmi eux, d'un bon vieillard qui saurait exprimer leurs sentimens, ils se transportèrent à Paris, près la Convention nationale. L'orateur, ne pouvant retenir ses larmes, sollicitait la grâce de la Reine, et offrait, comme ôtages pour cette princesse, tous les habitans de Saint-Cloud... Un *ordre du jour* des plus sévères ne lui permit point d'achever.

Ils s'étaient flattés d'un espoir chimérique, ces honnêtes cultivateurs : Mais leur illusion même est un acte de vertu, qui dut faire rougir la Capitale, et que nul Historien n'a encore mentionné, je crois.

Adieu, Monsieur. Je compte vous récrire, dès les premiers jours du mois prochain.

~~~~~~

LETTRE DIX-HUITIÈME.

Au Même.

Paris, 15 janvier 1830.

MONSIEUR,

Les Souvenirs ou Mémoires de M. le comte de Ségur, l'un des quarante de l'Académie française, vous seront remis par un Français, que je prends la liberté de vous recommander très-vivement : La lettre dont il est porteur vous expliquera son affaire. Il s'agit de tableaux, d'un grand prix, dont on avait espéré traiter avec Georges IV. Ils sont égarés, mais ne peuvent être perdus.

Ce pauvre comte de Ségur, dont l'Epouse a quitté ce monde, perd la vue insensiblement. Arraché, par son âge et son infirmité, au tourbillon d'une vie sociale, qu'il aime, il se réfugie dans ses Souvenirs, qui le ramènent aux beaux jours de sa jeunesse : et, comme les poëtes, il vit de pensée et d'illusions. On lit avec plaisir tout ce qui s'échappe de sa plume : ou plutôt ce qui s'échappe de ses causeries : Car il dicte, et n'écrit plus.
~~~~~~

Vous me parlez, Monsieur, des *Mémoires de la Marquise de Pompadour :* Il y en a de deux sortes. Les bons Mémoires de cette dame, ou *concernant* cette dame, furent écrits, dans le tems, par Mme du Haussét, sa première Femme de chambre. Et c'est M. de Crauffurd qui les a publiés. La naïveté du style et le choix des détails en font une lecture tout à fait amusante. On demeure persuadé, après les avoir lus, que la marquise de Pompadour, l'une des plus belles personnes de son siècle, n'avait d'autre défaut essentiel que l'ambition des brillantes cajoleries et des grandeurs. A cela près, elle était aussi obligeante et bonne, que spirituelle. Je possède son magnifique portrait de dix-huit ans, par La Tour : Rien n'est gracieux et animé, comme cette figure.

Mme de Pompadour, pour avoir quitté le baron d'Etioles son mari, se trouvait, à Versailles, dans une fausse position, qu'elle tâchait de se dissimuler à elle-même. Son rang de *Maîtresse-Déclarée* l'éblouissait. Mais il est faux qu'elle ait créé ce fameux Parc-aux-Cerfs, qu'on veut lui reprocher sans cesse. Mme du Haussét nous fait voir qu'elle en ignora long-tems l'existence. Et l'indifférence de son étonnement, quand on le lui révéla, démontre qu'elle n'était ni voluptueuse, ni libertine. Elle aimait le Roi, d'amitié vraie, et n'aspirait qu'aux pénibles glorioles du Minis-tère en chef. Elle y sucomba.

Les gens de lettres la célébrèrent : Avec rai-son, puisqu'elle idolâtrait la littérature : Avec justice, puisqu'elle les comblait de faveurs. Et Voltaire, lui seul, la paya de tergiversation et d'ingratitude : Il y excellait.

La Marquise, en instituant le Roi son Héri-tier, se mit dans le cas *de n'étre jamais comparée* aux Maîtresses avides et cupides. Et loin d'avoir jamais *conspiré* contre son Prince, elle se fit, en quelque sorte, mourir pour lui.

Les autres *Mémoires-Pompadour,* appartien-nent à la Fabrique moderne des Mémoires. C'est de là que sont sortis les *Mémoires de Madame de Chateauroux, de Madame de Lavalière, de Madame du Barry, du cardinal du Bois,* etc.

Toutes ces compositions n'ont d'autre but que l'avilissement de la Famille qui est sur le trône. Et le Trône, lui seul, ne s'en aperçoit, ou ne s'en inquiette pas.

Si les *Mémoires de Madame de Montespan,* vous tombaient sous la main, ne les traitez pas, s'il vous plaît, avec les précautions que je viens de vous inspirer pour les autres. Ceux-là sont écrits sous une autre influence : Leur aiguille-aimantée présente une toute autre direction. Dans ceux-là, on ne conteste à Louis XIV ni sa taille élevée, ni son regard doux et majestueux, ni ses talens supérieurs, ni son amour pour son peuple, ni son amour de la justice, qu'il fit éclater, en tout tems, en tous lieux. On lui conserve son caractère, sa physionomie, ses amabilités, ses royales vertus.

Est-ce à dire, pour cela, que la fière marquise de Montespan a pris la peine de disposer et de nous transmettre cette Histoire?... Je ne le dirai certainement pas. Un journal, des plus distingués, a soutenu, en ses Articles *Littérature*, qu'il reconnaissait, dans ce style, la touche même de la Marquise, sa véhémence passionnée, ses dédains superbes, son ironie piquante. Enfin, il a vu le manuscrit en nature, et il y a reconnu les propres caractères de Mme de Montespan..... *Sé no é vero, bén é trovato.*

Monsieur le Marquis, je m'en vais vous faire, ici, une confidence. Les Mémoires dont nous parlons sont du siècle même où vous vivez; et si Mme de Montespan les a rédigés, de sa blanche main, Mme de Montespan existe encore. Je les ai vu écrire; j'ai assisté à leur entière rédaction; j'en ai suivi le progrès journalier. Ma main en a rassemblé les feuillets; cousu les cahiers épars;

effacé les peu-nombreuses ratures. C'est un ouvrage QUE J'AI COMPOSÉ avec plaisir, avec délices : Mes confidens me l'ont vu commencer et mettre à fin, en deux mois, ainsi que je l'avais promis.

Maintenant que vous avez mon secret, lisez-moi, Monsieur, avec votre bienveillance ordinaire. Et si j'ai rempli dignement ma tâche, mandez-moi, s'il vous plaît, votre gracieuse approbation : J'ai écrit pour vous, et pour ceux qui vous ressemblent.

Mon *Histoire de Mme de Maintenon et de la Cour de Louis XIV* étant un sujet plus grave, j'ai dû l'écrire en style de cérémonie ; jusqu'à un certain point, cependant. Les Mémoires d'Athénaïs ont exigé moins de tenue, et j'y ai pris un ton plus familier. Au total, j'ai sauvé mes deux Personnages favoris, des outrages qu'on voulait leur faire : J'ai gagné le devant à leurs injustes ennemis.

Mes deux volumes ont l'air d'un Roman : Eh bien, vous verrez que tout y est positif, historique. Mais j'avoue que peu de Mémoires de cette époque-là me sont inconnus : Je m'en passionnais, dès l'enfance : Et m'en occupe encore, aujourd'hui.

Au reste, Monsieur, je vous préviens. L'Editeur s'est permis une grave altération, dans l'une de mes dernières pages : Sa plume y a supprimé, non pas une phrase, mais un mot, un seul mot : Et par ce mécanisme, de malveillance, il s'est donné le plaisir d'humilier le Grand-Roi.

En ce passage vigoureux, où la Marquise, abandonnée, reproche au Roi son odeur ou d'ambre, ou de musc, l'Editeur a retranché le *parfum*, pour laisser l'*odeur* toute seule. Et se servant, après cela, d'un fait, ainsi posé par lui-même, il a déclaré que le beau Louis XIV *était de mauvaise odeur.*

Adieu, très - cher Monsieur. Je vous salue et vous embrasse.

LETTRE DIX-NEUVIÈME.

A miss Harrington, à Londres.

Paris, 5 avril 1830.

NE vous réjouissez point à l'excès, ma chère Miss, de l'adoption du Bill sur les Catholiques. Cinquante, ou même trente années plus tôt, ce triomphe religieux eût pu n'amener dans l'Etat qu'une secousse momentanée, et n'y produire

qu'une fièvre passagère d'opinions. Mais, aujour-
d'hui, en 1830, cette prodigieuse Concession par-
lementaire offre aux esprits observateurs le symp-
tôme caractéristique d'une faiblesse progressive,
chez ceux qui gouvernent, et d'une témérité
chaque jour croissante, parmi les anciens gou-
vernés. L'époque n'est pas éloignée, ma chère
Miss, où Catholiques et Protestans chez vous, se
donneront la main, en présence de la grande
secousse Européenne, pour jeter sur vos Temples et vos Eglises un dernier regard de dédain
et de pitié. L'abolition de nos dîmes, en 1789,
fut une loi d'extermination pour tous les sanc-
tuaires du monde : Car l'homme, ici-bas, ne
songe à la Divinité, qu'au moment de son agonie : Et tant que la vie ou la santé lui restent, il
ne voit que lui-même et ne veut semer et moissonner que pour lui. Alexandre, Frédéric-Guil-
laume, Wellington pouvaient raffermir, il y a
quinze ans, l'univers entier sur ses bases : De
misérables vues d'intérêt momentané les séduisi-
rent. Quelques territoires, déplacés par Napoléon, leur ont semblé de bonne prise : Et ces
grands fleuves, pour n'avoir pas su rentrer mo-
destement dans leurs limites, ont donné l'exemple des ravages, aux plus imperceptibles ruis-
seaux. Ils se reprocheront, quand il ne sera plus

tems, cette cupidité, bien inutile : Comme les intempérans se reprochent enfin les orgies, où s'abîma leur santé.

Votre implacable Georges IV est allé rejoindre, dans le Royaume des larves, cette Epouse innocente et plaintive, dont il s'était fait précéder. Je sais que, poussée aux imprudences par son danger trop menaçant, elle appela les masses populaires à son secours. Mais sa bonté généreuse, son esprit aimable, ses talens lui méritaient un autre hymén, et une toute autre destinée. En revoyant son cruel Epoux, dans les bocages du Cocyte, elle a dû frémir et s'indigner, comme autrefois Didon, quand elle aperçut Enée; Et le pauvre Enée de Virgile était cent fois moins criminel.

Que de têtes royales tombées en un petit nombre d'années, que de hauts personnages éteints! Vos deux Reines, dont l'une si funeste à l'autre; Georges IV et le Duc d'York, si peu sincères amis. La jeune et belle Charlotte, arrivant, de la veille, à la gloire; le Duc de Kent, son oncle, arrivé, avant l'heure, aux infirmités. L'Empereur Alexandre, subitement arraché à ses grands desseins, chimériques; Louis XVIII, retrouvant le Duc de Berry : Pour entendre, non plus des reproches, mais des paroles d'inquiétude sur sa

Famille, et des soupirs de terreur sur sa veuve et sur ses enfans.

Ah, ma chère Miss, que la scène du monde est révoltante, pour qui la considère avec attention! Et que le séjour à venir nous sera pénible, s'il faut s'y retrouver, ou seulement s'y rencontrer avec tels et tels que je vous dirais !

Vous me dites que des Dames Anglaises, de retour à Londres, ont visité, avant de partir, nos châteaux du Louvre et des Tuileries, tout Versailles et les trois Trianons, sans y avoir pu rencontrer un seul portrait de la Feue Reine Marie-Antoinette. Ces Dames vous ont dit l'exacte vérité : On ne voit nulle part la fidèle représentation de cette Reine illustre, que la nouvelle génération ignore, en la dédaignant peut-être: Et qu'elle admirerait, il n'y a point de doute, si on la lui laissait voir telle qu'elle fut.

Le splendide Monument de l'impératrice Joséphine attire depuis long-tems, déjà, tous les curieux, dans l'église champêtre de Ruel, tandis que le Mausolée de la Reine de France n'est pas même commencé, à Saint-Denys. *Pas même commencé,* après une Restauration de seize années!!... Cette négligence de sa Fille unique est une faute, ma chère Miss, que tous les bons Français condamnent : M. son intendant, il faut bien le croire, a des dépenses plus respectables et plus urgentes que celle d'un Monument Filial.

Le Trianon, poétique et printanier, de l'incomparable Antoinette est tel, à peu près encore, qu'elle le laissa. Ce ruisseau limpide, qu'elle dirigeait elle - même, coule encore, de chûte en chûte, jusqu'à l'étang qui réfléchit son moulin. Mais ce moulin est solitaire et abandonné. Cette laiterie, aux cuvettes de marbre blanc, est inoccupée. Le salon de musique est silencieux. Les immenses peupliers élèvent leurs têtes mélancoliques. Ils cherchent, au loin, cette Maîtresse aimable qu'ils ont perdue... On la leur a tuée : Ils ne la reverront plus.

Quant à moi, ma chère Miss, que Dieu me retire de ce monde lorsqu'il le voudra : J'aurai rempli fidélement tous mes devoirs et d'Homme de lettres et de sujet, envers notre Reine infortunée. Je la célébrai, en 1805, presque sous les yeux de ses bourreaux, dans une Elégie de *Marie Stuart,* que l'Académie d'Izaure (alors renaissante) inaugura dans son Recueil. Je l'ai de nouveau célébrée et vengée, en 1819, dans une Elégie plus directe et plus sonore, intitulée *Le Crime du Seize octobre, ou les Fantômes de Marly.* Enfin, j'ai publié, six mois avant la mort de Louis XVIII, mes *Mémoires universels de la Reine de France*. Cet ouvrage, que votre cœur et tous les bons cœurs, ont arrosé de larmes, réveilla contre moi la haine du Prince, et me fit essuyer toutes les persécutions imaginables de la part de son préfet de police Delavau. Il faisait arracher les affiches de mes Editions. Il menaçait du cachot mes afficheurs : Il poussa le délire jusqu'à m'attirer dans son cabinet vert, où il me frappa!!! voulant m'exposer, ainsi, à une revanche : et par suite, peut-être, à l'échafaud.

Mon grand délit, aux yeux de ce monstre, était d'avoir démasqué les faux Confesseurs de la Reine captive, et d'avoir justifié nos Parlemens. Il me fit outrager dans les Gazettes. Mais S. M. le Roi de Prusse me vengea de ces infâmies, en m'écrivant la Lettre honorable et autographe, qui me faisait présent de son Portrait.

~~~~~~

LETTRE VINGTIÈME.

A mylord Sigismond B***, à Londres.

Paris, 20 juillet 1830.

SERAIT-IL vrai, Mylord, que votre Cabinet voye avec jalousie l'avantage que les armes Fran-
~~~~~~

çaises viennent d'obtenir à Alger! Quoi! le Duc de Wellington lui-même nous boude, parce que l'insolent outrage de ce Dey, se trouve enfin puni! Mais faites attention, Mylord, que, depuis plus d'un demi-siècle, notre France ne contrarie plus, en rien du monde, les intentions quelconques et la politique arbitraire de votre gouvernement. Vous avez favorisé bien-ouvertement la révolte des Noirs à Saint - Domingue. Vous nous avez fait perdre cette immense et belle Colonie, où s'alimentaient les fortunes de tous nos ports de mer : Nous avons subi cette violence. Vous vous êtes fait un jeu cruel de notre Vendée, en y transportant tous nos officiers de Marine, pour les y livrer, par embûche, à leurs farouches ennemis. Vous avez inondé de faux assignats nos malheureuses provinces, qui n'avaient déjà que trop de leurs calamités. Vous avez prolongé, par mille moyens, nos discordes révolutionnaires, pour vous raviver de notre agonie, et subjuguer les derniers royaumes de l'Inde, quand le nôtre périssait, grâce à vos moyens.

Vous avez abattu Napoléon, il est vrai; mais pour débarrasser enfin vos manufactures, et pour lui ôter de la pensée ce voyage de vos Indes, où il s'entêtait.

En redonnant nos antiques Bourbons à la

France, vous les avez enlacés de conditions secrettes et de réserves : Ce n'était pas un Roi, mais
un Vice-Roi que vous nous avez envoyé, sur votre
brillant yacth, en 1814.

Louis XVIII, que ses infirmités et ses anciens
délits rendaient plus circonspect en toutes rencontres, se prêta, d'assez bonne grâce, à tout ce
que vous exigiez de lui. Vous jugeâtes bon de lui
arracher l'Isle de France : Il y consentit en souriant : car vous destiniez à Napoléon, Sainte-Hélène. Et nous vous avons assez chèrement payé ce
loyer de six ou sept ans : Soit dit sans se fâcher.

L'île souveraine de Malthe fut aussi à votre
convenance : Vous chargeâtes Louis XVIII d'y
renoncer, pour le bon exemple, et d'entraîner,
après lui, les Souverains. Qu'est-il résulté de ce
sacrifice impolitique?... Il en est résulté qu'on n'a
point rétabli l'ordre de Malthe, si honorable, et si
nécessaire aux Monarchies Européennes. Ces il-
lustres Chevaliers, obéissant à leur noble institut,
exécutaient régulièrement ce qu'ils nommaient
leurs *Caravannes*. Toujours en mer, pour la sûreté de la Méditerranée, ils étaient l'effroi per-
manent des corsaires et des pirates. Et, de leur
tems, M. le Dey d'Alger n'eût pas souffleté de
son éventail notre Ambassadeur ou Consul.

Dites-bien à votre Duc de Wellington que sa

bouderie est injuste et ridicule : Et s'il a jugé la tyrannie de Bonaparte *insoutenable,* la tyrannie Anglaise ne serait pas de meilleur aloy.

Bonjour, Mylord ; je vous parle à cœur ouvert et sans contrainte aucune, parce que je vous sais honnête homme; et que là où la probité se trouve, les préjugés nationaux sont plus faibles ou plus raisonnables, que partout ailleurs.

J'ai remarqué beaucoup de vos Compatriotes, dans les travées de Notre-Dame, dimanche dernier, au *Te-Deum* d'Alger. Ils me paraissaient prendre plaisir à cette brillante cérémonie, où toute la pompe catholique se déployait à leurs yeux ravis.

Le Roi a été salué, sur tout son passage, par les plus attendrissantes acclamations; et ce bon Prince a remarqué facilement que s'il existe dans Paris une espèce de Colonie, toujours fâchée et mécontente, l'immense majorité Lui est acquise, l'apprécie et chérit sa bonté.

Adieu, Mylord. Vous qui parlez si bien le Français, soyez donc Français, par humanité, comme vous l'êtes déjà par élégance.

Je suis..... *Totus tuus.*

LETTRE VINGT-UNIÈME.

*A Mme Victorine D***.*

Paris, le 27 juillet 1830.

Je n'entreprendrai pas encor, ma chère Enfant, le voyage dont se berçait mon amitié. La Capitale n'est point tranquille : Et malheureusement pour elle, le Roi en est absent.

Nos Ministres, enfin épouvantés d'un grand péril, qu'ils se sont fait eux-mêmes, viennent de demander solennellement au Roi de grandes mesures répressives. Et voilà, maintenant, la partie engagée : L'Opposition veut en venir aux mains. Elle sait où elle va.

Avant hier, on connut par les journaux, les Ordonnances Royales, dont on s'entretenait depuis quelques jours. Le Roi dissout encore la Chambre des députés, convoquée de la surveille ; il annonce de nouvelles et prochaines élections.

Les Ministres, de cela que ces sortes de mesures ne leur ont pas encore été sérieusement contestées, s'imaginent qu'ils doivent toujours compter sur les mêmes obtempérances, et qu'une

Chambre des députés peut être exilée et dissoute, comme on exilait ou mutilait un Parlement respectueux.

Le moment me semble mal choisi. Le Chef actuel n'inspire ni crainte, ni terreur : sa grande affabilité sera peut-être un hors-d'œuvre. Hier, d'un balcon dela rue de Rivoli, j'ai vu casser tous les réverbères de la grille royale. Et les rassemblemens du Palais-Royal étaient à peu près sur le ton de 1789. Nous verrons demain. Adieu, ma chère Victorine.

LETTRE VINGT-DEUXIÈME.

A la Même.

Versailles, le 30 juillet 1830.

JE m'empresse de t'écrire, ma chère Enfant, pour faire cesser ton inquiétude. J'existe, au milieu de la subversion générale ; et je voudrais n'avoir point vu ce que je viens de voir.

Le 28, comme je prenais par la rue de Beaune, pour aller traverser le jardin des Tuileries, un grand jeune homme vint à moi ; et m'arrachant des mains un rouleau de fort-belles gravures, me demanda si je n'appartenais pas aux Gardes-du-Corps. Comme il recevait, d'un air d'autorité, ma réponse négative, plusieurs de ses camarades se joignirent à lui, et fouillant brusquement sur moi, se saisirent de l'un de mes mouchoirs, de mes bésicles, de ma bourse et de mon porte-feuille. Mes paroles un peu vives les ayant offensés peut-être, ils me terrassèrent ; et je ne fus défendu et relevé que par les passans. Les voisins, tout saisis, restaient immobiles.

Le tocsin de la Grève se faisait entendre ; et des décharges de mousqueterie paraissaient avoir lieu, dans ces environs là. J'avais promis à Mme la Comtesse de T*** (voisine des Tuileries) de venir favoriser son départ. Je m'y rendis en toute hâte, et fus assez heureux pour la mener jusqu'aux voitures de Saint-Germain. Son aimable perroquet lui causait des inquiétudes mortelles, s'il fallait le confier à un portier sans attentions : Je me chargeai du fidèle Vert-Vert, et le remis à sa maîtresse : Qu'aurait-il appris dans un Paris révolté !

De ce pas, je me rendis chez ton riche parent, au plus haut des Champs-Elysées. Ses immenses capitaux le rendaient malade : Rien n'est comparable à son morne effroi. Notre dîner se fit en poste, et tout coupé d'interruptions. On allait et venait, pour lui apporter les nouvelles ; et quel-qu'un entra pour lui dire que le Roi Charles, saisi d'épouvante, s'était retiré à Compiègne, dès le matin. Un de ces papiers gris, qu'on distribue au peuple, en débitait les détails menteurs.

Ton parent, alors, me pria de me rendre à Saint-Cloud, sur l'heure, et de lui rapporter vîte ce que j'en saurais. Comme on allait me donner une voiture, des décharges nombreuses éclataient aux Champs-Elysées, et le peuple enlevait les chevaux des paysans. Je fus contraint de partir à pied. On allait fermer la barrière.

Sur ma route jusqu'à Boulogne, ce n'étaient que rassemblemens au son du tambour, et gardes nationaux villageois se portant sur la ville. On me questionnait, du ton de la révolte : Je répondais avec gravité, par des mots douteux.

A Saint-Cloud, la population me parut attris-tée. Je montai précipitamment au Château, dont les grandes cours et l'avant-scène étaient remplies d'uniformes brodés ou galonnés, l'incertitude sur le front, l'anxiété dans les manières.

Me plaçant vers le milieu, j'aperçus distincte-ment le Roi, derrière les glaces d'une croisée. Il me parut occupé d'un jeu à cornét, ce qu'indi-quaient les mouvemens successifs de sa main et de sa tête. Il s'interrompait, toutefois, de moment à autre ; et, de son lorgnon, regardait vers Paris, où de gros nuages de fumée blanchâtre, faisaient voir les chocs du canon.

« *Monsieur,* » dis-je à l'officier de Garde, qui « se rapprochait, » *je suis venu pour parler au* « *Roi : Le moment presse : Je viens de laisser* « *Paris en feu.* » — « Votre Nom, Monsieur, » me répondit-il ? Je le donnai. Et l'officier me conduisit au parloir de la Conciergerie, où je vis bien qu'il me consignait. Un autre officier parut bientôt, qui me dit : « Vous ne pouvez parler au Roi ; « mais écrivez-lui l'objet de votre voyage : Sa « Majesté vous répondra sur le champ. » Je n'écrivis que cinq ou six mots, insistant toujours à parler au Prince : Car il m'était évident qu'on le détournait de venir à Paris (où IL AURAIT ABANDONNÉ SON MINISTÈRE) : On lui en supposait l'intention.

L'officier ne tarda pas à revenir. Il me dit : « On a reconnu votre Ecriture, Monsieur. Mais « ni le Roi, ni son capitaine des Gardes ne peu- « vent vous entendre. Sa Majesté désire que « vous veuilliez-bien vous expliquer avec moi. »

Lassé de toutes ces cachoteries, et sachant ce que je savais, je dis au plénipotentiaire : « Allez « dire au Roi, Monsieur, s'il vous plaît, qu'on « lui a soulevé les ouvriers et les Ecoles, en ré-

« pandant les mensonges et l'argent, à pleines
« mains. Ajoutez que le peuple le croit à Com-
« piègne et plus loin encore ; et que la fausse
« nouvelle de *son Abdication* est répandue dans
« la capitale, dès avant midi. Tout est perdu, si
« le Monarque ne se montre, sur le champ, dans
« sa Ville essentielle, un olivier de paix en main,
« et des promesses de conciliation à la bouche.
« Le simple renvoi des ministres peut tout cal-
« mer, aujourd'hui 28 : Demain, cette conces-
« sion sera trop-tardive : Assurez-en le Prince,
« si vous l'aimez. » Nous nous séparâmes.

Bientôt l'officier reparut, pour m'annoncer
« que ma proposition d'amener le Roi à Paris
« avait semblé *téméraire.* Qu'au demeurant,
« l'Hôtel-de-Ville était repris sur les insurgés,
« et qu'on tenait le Gouvernement-provisoire en
« bon lieu : Chose certaine. »

— « Monsieur, ajouta cet officier, il est possi-
« ble que vos intentions ne soient pas répréhen-
« sibles : Mais le lieu d'où vous venez nous in-
« quiète. J'ai ordre de vous retenir prisonnier. »

A ces paroles, je ne pus m'empêcher de sourire ; et je déclarai que j'aimais mieux me voir
prisonnier à Saint-Cloud qu'à Paris.

Mon assurance, apparemment, plaidait en ma
faveur. L'officier se radoucit ; et me parlant avec

politesse, il m'autorisa à repartir : Pourvu, toutefois, que je me dirigeasse sur Versailles, dont il voulait m'indiquer le chemin.

Ne voyageant qu'à pied, et contre les bois sinueux de Ville-d'Avray, je n'arrivai à Versailles que sur les dix heures. A mon auberge de *la Rampe*, tout était plein ; et le maître, lui - même, allait se jeter dans son lit. Me voilà dans la rue : car c'était même affluence de Parisiens, de tous les côtés. Je crus alors pouvoir me présenter chez un homme, qui m'avait fait sa visite depuis peu, et qui avait reçu, en d'autres tems, un aimable accueil dans ma famille : Il me refusa l'hospitalité !!! Que Dieu le lui rende.

Minuit approchait. La nuit était belle. Je pris mon parti, en homme habitué aux traverses pénibles ; et je montai dans les bois de Satory, où régnaient le silence et la paix, mon souverain bien.

J'avais rencontré tant de pillards affamés, seulement dans le trajet du bois de Boulogne, que, d'après mon calcul, les bois de Satory n'étaient guère à craindre : ce gibier s'était porté ailleurs.

La fatigue et l'inanition m'assoupirent au pied d'un gros chêne de Louis XIV. Je ne me réveillai qu'au point du jour. La grande Ombre de Louis XIV avait veillé sur son Historien, abandonné de tous.

Je suspends mon récit, ma chère Enfant, pour une petite demi - heure ; et je reviens à toi, tu peux y compter.

~~~~~~

LETTRE VINGT-TROISIÈME.

A la Méme.

Versailles, le 30 juillet, au soir.

COMME je me débarrassais des mousses et des herbes sèches que je sentais dans ma cravatte ou dans mes cheveux, un grand bruit de révolte et de sédition se fit entendre, au cœur de la ville. J'étais incertain du parti que j'avais à prendre, lorsqu'un homme des champs, qui fuyait à bride abattue, m'apprit qu'on assiégeait l'Hôtel des Gardes. J'y courus en diligence. Je vis une prodigieuse quantité de peuple, attroupé devant l'Hôtel de Noailles, qui regarde l'Orangerie ; et à toutes les imprécations que se permettait cette foule, il me fût aisé de comprendre qu'on avait juré le massacre de ces officiers. La grande porte, frappée à coups redoublés de haches et de massues, résistait encore : Tout à coup, un des Gardes se présenta sur le balcon, et dit aux assiégeans
~~~~~~

ce peu de mots : *Nous ne sommes pas ici plus de quinze ou seize. Notre résistance n'est pas fort à craindre : Que voulez-vous de nous, Messieurs?*

— « Nous voulons vos armes, pour aller se- « courir nos Frères les Parisiens, » répondirent les assaillans avec fureur. Et à ce moment, un dernier effort du public enfonça les portes.

En un instant, la Maison fut remplie de pillards déhontés, qui, six et dix contre un, deshabillèrent les Gardes, et se saisirent de leurs armes, de leurs fusils de chasse, de leurs pistolets de prix, et de tout leur linge, qu'ils se partagèrent.

On les vit frapper avec violence et brutalité ceux de ces Messieurs qui résistèrent; mais heureusement, il ne se commit aucun meurtre. Les vainqueurs se contentèrent de fermer l'Hôtel, après avoir chassé tout le monde : Et MM. les Gardes, fugitifs et dispersés, virent à se procurer quelqu'asile, dans les quartiers de Saint-Louis.

De l'Hôtel de Noailles, les séditieux se transportèrent, sans perdre de tems, à l'Hôtel d'Havré, sur la grande Avenue. Ils y débutèrent par les mêmes menaces : Ils y commirent les mêmes excès. Et ce qu'il y avait de plus déplorable, c'est que pour légitimer leur attentat et leur pillage, ils affirmaient que les Gardes de l'Hôtel-Noailles avaient commencé l'aggresion, en tirant sur eux. J'eus la témérité de les contredire, et de les contredire à deux reprises. Un honnête habitant, fortifié par mon exemple, soutint que j'avais dit vérité; et plusieurs autres nous imitèrent. On vint à nous pour nous faire querelle; mais l'ardeur du pillage ramenant ces furieux vers leur objet, ils n'attendirent point nos répliques.

L'entière Garnison, infanterie, artillerie, cavalerie, était partie de la veille, pour se rapprocher de la capitale : C'est ce qui rendait ce même peuple de Viroflai et de Versailles si entreprenant. Un jeune Spartiate, de vingt - sept 'ans au plus, était à leur tête : Vif, méthodique, éloquent : Tel qu'il les faut dans les Saturnales politiques. *Le marchand de volaille,* voilà son Nom.

Le grand pillage du Château entrait dans le plan de *la Réforme* commencée : Les spoliateurs des Gardes-du-Corps se présentèrent à toutes les grilles; mais les Employés, soutenus des personnes honnêtes, et même distinguées, à qui la Famille royale avait accordé des logemens, opposèrent une résistance inflexible. Et la vaste curée de la capitale attira bientôt les malfaiteurs vers Paris et vers Saint-Cloud.

Sur les neuf, dix heures du matin, la princesse Jules de Polignac, traversant la grande Avenue, au galop, pour gagner Rambouillét, se vit arrêter, malgré son escorte de gendarmerie, par la garde nationale, qui saisissait tout.

Le Maire, qui est foncièrement honnête, ne lui parla qu'avec une demi-rudesse. Il lui retint ses quatre gendarmes; et, après avoir visé son passe-port, la laissa remonter en voiture et gagner pays.

Le Marchand de Volaille l'ayant su, accourut comme un forcené, et voulut destituer le Maire avec ses Adjoints.

Le besoin de prendre un peu de nourriture, me fit ressouvenir que j'étais sans argent, depuis l'*examen* qu'avaient fait *de mes papiers,* les bons Citoyens de la rue de Beaune. J'étais sans argent : mais il me restait une jolie Topaze, dont il m'était bien permis de m'assister. Je la cherchai dans la petite poche de mon gilét..... Elle était disparue !

Avais-je fait cette perte sensible, dans les grosses mêlees des Gardes-du-Corps, ou dans mon Alcôve de la forêt Satory ?... Question peu facile à résoudre. En toute autre circonstance, ma résolution eût été bientôt prise : Mais un dénûment absolu, dans une ville sans entrailles, me donna des conseils moins généreux. Je remontai vers le bocage *silencieux*, qui ne m'avait pas accueilli pour me surprendre : Et sous le vieux chêne de Louis XIV, je retrouvai ma Topaze, qui m'attendait.

Des larmes d'attendrissement mouillèrent aussitôt mes paupières : j'allais pouvoir subsister par moi-même, et sans mettre ou à la gêne ou à l'épreuve la rude commisération d'autrui.

Comme je me disposais à quitter de nouveau la forêt, j'aperçus quatre voyageurs qui, changeant brusquement de route, afin d'éviter ma présence, se dirigèrent, à travers branches, vers un lieu que, sûrement, ils ne cherchaient pas.

Je reconnus leur état, à leurs bonnes manières ; et, désirant les sauver, je courus après eux. Ils s'arrêtèrent, avec fermeté mais avec défiance. Et quand je pus me faire entendre d'eux, sans les compromettre, je leur dis : « Messieurs les Gardes, « me trompé-je ? » — Non, Monsieur, me répondirent-ils. — Eh bien, Messieurs, quittez vîtement ce chemin, qui peut vous nuire ; et prenez celui-là, qui mène à Jouy. Ce sentier, « que vous aviez pris pour m'éviter, vous menait « droit à la Sablonière, où vos spoliateurs, en « grand nombre, inventorient et se partagent leur « butin. Otez vos éperons, qui vous trahissent ; « et quittez promptement ces lieux. »

Le plus jeune d'entre ces militaires dit à ses camarades : « Messieurs, puisque Jouy est dans « le voisinage, le château de mes bonnes tantes « n'est pas éloigné: Allons-y, de ce pas. Elles nous « redonneront des vêtemens, de l'argent, des « chevaux : Et nous retournerons, bien équipés, « auprès de notre bon Roi Charles. »

L'un d'eux, craignant peut-être de se rendre incommode, voulait aller à Saint-Cloud directement. « Non, non, Du Plessis, lui dit le jeune « camarade : Votre pantalon blanc vous décèle : « Vous péririez sur les chemins. » Ces Messieurs, ne perdant point de vue mon conseil, rompirent leurs éperons contre les arbres, et ils me quittèrent, en me remerciant.

A Saint-Louis, j'appris que les Corps nombreux, sortis, la veille, de Versailles, stationnaient sur les routes de Sèvres et de Saint-Cloud, sans passer outre. Les généraux Bordesoult et Vincent demandaient des vivres, de demi-heure en demi-heure : car la faim étranglait leurs soldats. M. le Maire de Versailles ne demandait pas mieux que d'en fournir; mais les Marchands de Volaille y mettaient obstacle, à moins que l'Armée ne criât *vive l'Empereur!*

LETTRE VINGT-QUATRIÈME.

A la Méme.

Saint-Germain-en-Laye, le 1er août 1830.

Hier samedi, 31 juillet, nous apprîmes à n'en pouvoir douter, les derniers évènemens de la Capitale. Vers les neuf heures du matin, les troupes nombreuses des généraux Bordesoult et Vincent, trompettes sonnantes, enseignes déployées, rentrèrent dans Versailles : Et le règne des petits voleurs prit fin. En voyant défiler ces magnifiques Régimens de cavalerie, et cette artillerie formidable, chacun se demandait s'il était bien possible que le Dauphin, vainqueur en Espagne, eût laissé chasser le Roi son père, de Saint-Cloud. Rien, cependant, n'était plus vrai.

Tous ces soldats, élite de la Garde, lançaient sur les bourgeois des regards désolés et sinistres : Et ceux qui revoyaient des connaissances, leur criaient : *Ils nous ont défendu d'agir.*

Le Roi, quittant Saint-Cloud, de fort-bonne heure, ne s'était arrêté que, des instans, à Trianon. On le disait parti pour Rambouillet, où il précédait les Enfans de France. Mme la duchesse de Berry était à ses côtés. Il paraît que M. le Dauphin n'avait abandonné Saint-Cloud, qu'à l'invasion du pont de Sèvres.

Les larges rues de la Surintendance et des Réservoirs, à Versailles, étaient encombrées de voitures, dont les maîtres réclamaient leurs valets, dont les valets redemandaient leurs maîtres. Toutes s'accordaient à dire que les bagages de M. le Dauphin venaient d'être pillés en route ; et que lui-même, s'était égaré. Les grands-seigneurs étaient inconsolables, de ce qu'on ne leur avait voulu confier aucun commandement. (Faute de 1815 : Faute de 1330 !)

Tout à coup, le bruit se répandit que Madame la Dauphine, arrivant de la Bourgogne, dans une voiture de place, venait de descendre à l'un des Trianons. Je désirai voir, par mes propres yeux, cette Femme historique, destinée par son étoile à tant d'affreux évènemens.

J'arrivai à Trianon, comme elle remontait en voiture. L'horrible fatigue d'un long voyage sans repos, avait altéré son visage. Ses yeux, prodigieusement rouges en leurs paupières, semblaient grossis et gonflés. Elle monta vivement, s'assit dans le fond de son carrosse, et ne rendit aucun salut. Si la préoccupation de son esprit lui eût permis de jeter un regard sur l'assistance, elle n'y aurait vu que des maintiens amis et consternés. Elle avait ordonné le grand galop, pour se réunir plus vîte à son Beau-Père : on la vit disparaître comme l'éclair.

La veille, comme je revenais de Saint-Cloud à Versailles, par la jolie route de Villeneuve-l'Etang, je remarquai deux régimens d'infanterie, qui, mis en possession de deux vastes enclos profonds, y établissaient leurs fourneaux volans et des barraques.

L'un d'eux était, si je ne me trompe, le 15ᵉ de ligne. Quelques-uns de leurs soldats, qui venaient de couper du fagot dans les bois, m'apprirent qu'ils s'étaient trouvés, le jour précédent, à *la bagarre ;* et que leur colonel Perrégaux, parent de Mᵐᵉ Marmont, les avait empêchés de tirer.

En ce moment, nous vîmes venir, sur le pavé royal, une voiture de poste à quatre chevaux, laquelle, prenant sur sa gauche, entra dans le village de Vaucresson. C'était le comte Coûtard, commandant de Paris, qui arrivait des Bains de Dieppe. Cet officier-général, comblé des bienfaits du Roi et des bontés particulières du Dauphin, ayant appris le désordre de leurs affaires, en eut tant de douleur, qu'il ne s'arrêta qu'un instant dans son château de Vaucresson, fit remettre ses chevaux, dès l'aurore, et s'en retourna aux Bains de mer, avec Mme Davoust, son épouse de second lit. La Famille royale était encore à Saint-Cloud.

Impatient de savoir ce qui se passait à Saint-Cloud, je m'y rendis, hier, sur les dix heures. Le Château venait de subir la plus affreuse dévastation : Et les Enfans de France, qu'on faisait tranquillement déjeûner, malgré le départ de leur entière Famille, n'ont évité que de six minutes, la main de leurs ravisseurs. Les Parisiens et ceux de Sèvres et de Meudon, étaient déjà dans le parc - peigné, qu'on n'avait pas encore songé à ces deux pauvres petites créatures. Deux valets de pied, les enlevant de table, les ont vîte emmenés vers le parc d'en haut, et là, se baissant et les inclinant parmi les verdures, il les ont miraculeusement échappés.

A Saint - Cloud, je me suis avancé jusqu'à l'Hospice de la Feue Reine, qu'on disait rempli de blessés. Un cercueil occupait déjà la grande porte d'entrée. C'était le corps d'un jeune Sergent de la Garde royale, natif d'un village au pied du Mont-Jura. Sorti de son Hospice, à Paris, le jour même de la révolte, il était rentré de suite en fonctions. Les excès des deux journées et le défaut absolu de nourriture venaient d'éteindre son existence : Il n'avait fait qu'entrer dans l'Hospice, et mourir sur ce seuil de porte, où il attendait.

Je vis là des blessures horribles, et les maux des vainqueurs gisant près des maux des vaincus. Les sœurs de Saint-Vincent-de-Paul les soignaient d'un zèle uniforme. Et précisément, dans le Lit Cousu par la Feue Reine, on allait amputer un ennemi du Roi.

Je me retirai vers Saint-Germain-en-Laye, me dirigeant par les vignobles. Je ne voyais partout, que des fusils rompus, et des gardes-royaux jettant leurs habits, et brisant leurs armes.

Entre Bougival, Ruél et Marly, de magnifiques Régimens de dragons venaient au secours du Roi : Les vignerons les raillaient, d'un air soumis, et leur apprenaient le Désastre. Les officiers rougissaient d'indignation. Les soldats avaient peine à le croire.

LETTRE VINGT-CINQUIÈME.

A la Même.

Saint-Germain-en-Laye, le 1er août, au soir.

MA CHÈRE VICTORINE,

Je ne veux pas oublier une circonstance, petite en elle-même, et qui, cependant, m'a beaucoup frappé, en ce qu'elle représente au naturel le peuple des campagnes voisines, tel que cet affreux voisinage de Paris nous l'a fait.

Le superbe château de Ruél et son parc immense, ancien séjour du Cardinal de Richelieu, est aujourd'hui la propriété du duc Masséna, homme studieux et grand Naturaliste. Ses jardiniers, placés en observation sur les murs du parc, du côté de Bougival, regardaient passer la cavalerie Royale, et à toutes les questions de localité qui leur étaient faites, répondaient *qu'ils ne savaient pas.* Ce que voyant, je dis, moi-même, à ces officiers qu'on les détournait de leur route; mais qu'à ce château de Bougival (que ma main leur indiquait, et qui était la propriété du maréchal Marmont), ils trouveraient un fort dépôt de cavalerie, et les nouvelles le plus récentes de Saint-Cloud, désormais sans objet.

Lorsque, poursuivant mon chemin pour gagner Marly, je contemplais les solides et hautes murailles de ce long parc, bâties, en 1630, par un Cardinal soutien du trône, une paysanne, à coiffure écarlate, m'entreprit de conversation, et me dit, sans se gêner : « Pourquoi leur donniez-« vous leur route à ces Coquins de Royaux, au lieu « de les laisser se promener, comme ont fait ceux « de Vaucresson et autres villages, qui les font « tourner et virer, dès le matin ! — « Mais, ma « bonne, vous agissez contre vous même, répon-« dis-je à cette femme, si vous les faites *tourner et* « *virer* dans vos champs : puisque ces chevaux, ne « pouvant aller un à un dans les sentiers, sont « contraints de fouler vos cultures. » A cette pa-role, ma paysanne se mit à pleurer, et ajouta : « C'est bien mal fait, aussi, à Monsieur le comte « d'Artois, notre Roi, de vouloir nous ôter notre « CHAPPE ! Vlà que, depuis six jours, nous ne « pouvons plus rien amener dans Paris. Nos fraises « sèchent sur pied. Nos haricots s'échauffent dans « nos sales basses. Nous sommes *rinés et pardus* « pour long-tems. »

Auprès de la Machine-Neuve de Marly, je vis une belle quantité de remontes, que des soldats amenaient vers Paris. Leur officier (de nouvelle date), se faisait précéder d'un petit guidon trico-lore, et les hôteliers lui versaient à boire, à la santé de Napoléon-Deux.

Ces chevaux s'éloignèrent. A peine avaient-ils dépassé la Malmaison, que des décharges de mousqueterie se firent entendre; et des tourbillons de poussière nous apprirent que les remontes rétrogradaient, au grandissime galop. Un régiment de dragons, distrait de sa route par la malveillance des paysans, avait aperçu le drapeau tricolore, et l'avait aussitôt fusillé. Le détachement retraversa Marly, en toute diligence; mais ni le drapeau, ni l'officier ne les accompagnèrent : Ils étaient pris.

A Saint-Germain, le mouvement me parut plus passionné qu'à Versailles : les Bourgeois s'entrechoquaient d'opinion. Les uns accusaient les Gardes-du-Corps du Château; les autres les défendaient avec véhémence. J'entendis mentionner là, comme personnage important, le fameux Rôtisseur, dont j'ai déjà parlé : Il avait embroché et tué raide un garçon boucher de Versailles, qui osait justifier les Gardes-du-Corps.

L'immense et magnifique Terrasse de Saint-Germain fut, de tous tems, le pacifique rendez-vous des honnêtes Rentiers, ordinairement Monarchistes. L'un d'eux, m'ayant salué par mon nom, je m'assis au milieu de sa petite société, bien affligée. Et peu de tems après, un ancien officier des princesses elles-mêmes survint, qui nous apporta les détails suivans : « Le Roi, voyant le succès imprévu de la sédition, avait fortement blâmé son Fils de l'accueil rigoureux fait par ce prince, le 28, sur les midi, au digne maréchal de Bellune. Toutes choses se trouvant désespérées (par l'absence des Troupes, dont les ordres de marche avaient été interceptés), le Roi avait consenti à donner un nouveau Ministère ; mais l'Hôtel-de-Ville, resté le plus fort, avait dédaigné ces tardives propositions.

« Alors, MADAME avait consenti à livrer son jeune duc de Bordeaux : Pourvu qu'on laissât au Grand-père et à ses Enfans un apanage convenable, et qu'on assurât la Couronne au petit Henri.

« A Toutes ces Concessions, l'Hôtel-de-Ville avait répondu par les cris de *vive la Liberté ! vive la République !* On y souhaitait Lafayette pour Président.

« Là-dessus, le Roi s'était déterminé à écrire une Lettre au duc d'Orléans son Cousin, pour lui rappeler les obligations des princes du sang, en pareilles rencontres, et l'engager à se porter Défenseur du Trône, ou Médiateur.

« La Rédaction ayant paru ou trop suppliante, ou trop sévère (je ne sais plus lequel des deux), le Roi s'était décidé à nommer son Cousin LIEUTENANT-GÉNÉRAL du Royaume, avec Mandat de reconnaître pour Roi le jeune Henri V, Fils du duc de Berry, et de le proclamer, sur le champ. »

Quand on nous faisait ce récit, il était déjà cinq heures. Vers les six heures du soir, le bruit des tambours s'est fait entendre au sein de la ville. Je m'y suis transporté. C'était la garde-nationale, son Maire en tête, qui proclamait l'Abdication du Roi Charles, et la Lieutenance du duc d'Orléans...... Présenté au peuple comme VALOIS, et non pas BOURBON.

Ma chère Victorine, le jour où, non loin des cendres d'Henri IV et de Louis XIV, tu faisais la Lecture au Feu Roi, désormais vainqueur de ses ennemis, qui t'eût dit que le Trône de Charlemagne ne se relevait que pour un petit nombre d'années, et que Charles-Philippe, rassasié de désordres, nous quitterait bientôt, en Abdiquant!!

Tu es bien jeune : Et tu as déjà vu, de tes propres yeux, bien des catastrophes royales. Tu as vu Napoléon, deux fois parvenu sur un trône; Louis XVIII, deux fois reporté sur le sien ; les Rois Charles et Louis-Antoine, brisant deux sceptres, en un même jour, pour en confier les débris à un Enfant de dix années : Qui jamais ne verra son père, et probablement jamais ses Etats.

Lorsque, choisie, à Saint - Denys, parmi tes nombreuses compagnes, tu fus chargée de broder sa Layette, et que ton aiguille désintéressée ajoutait des ornemens à son Berceau, tu ne prévoyais pas, ma chère enfant, que cet Orphelin allait venir au monde pour les grandes infortunes, et que la France ne garderait de lui que son souvenir et son Berceau!......

Conserve-toi pour tes deux jolis enfans, mon aimable et chère pupile. Je t'ai élevée avec toute la tendresse d'un père : Et je n'ai eu qu'à perfectionner la Nature, puisque cette Mère libérale t'avait donné les grâces, la sage modestie et un bon cœur. Doux trésor, que toutes les révolutions humaines ne pourront te faire perdre, et dont j'aurai si-peu joui !

Comme j'ai défendu Louis-le-Grand, Madame de Maintenon, la Reine Marie-Antoinette, et les intentions du bon Roi Charles, défends-moi, ma chère Victorine, quand je ne serai plus.

Alors, si quelque plume injuste m'accusait de vues intéressées et d'ambition, réponds avec assurance, que je publiai, *sous le dur Néron,* mon Elégie de Marie-Stuart (exprimant la Reine); et l'Histoire de Louis XIV et de Mme de Maintenon, avant la première chûte du trône impérial.

Ajoute que, mes Mémoires de la Reine Antoinette m'ont valu les basses persécutions de l'Hypocrisie : Et que, seul de tous les Ecrivains de France, je n'eus ni emplois, ni pensions, ni faveurs.......

Ma fidélité n'en fut point ébranlée : Car j'écrivais pour les cœurs honnêtes, et non pour moi.

Adieu, ma chère Victorine. Je suis toujours,
Ton Oncle bien affectionné.

LETTRE VINGT-SIXIÈME.

A M. le marquis de La Tour, à Londres.

Paris, le 28 août 1830.

Tout est consommé, Monsieur. La Famille Royale est sortie de France. Et chacun se demande, aujourd'hui, s'il est bien vrai qu'un si grand évènement se soit passé sous nos yeux. Les réflexions sont inutiles. Assurément, le Roi Charles, comme prince, comme individu, est le meilleur des humains et le plus parfait honnête homme : Mais il est Frère de Louis XVI : Et comme ce malheureux Monarque, il a manqué de pénétration et de fermeté.

On avait beau remettre sous ses yeux, par les Ecrits les plus sincères et les plus touchans, l'horrible et persévérant abus de l'influence po-pulaire : On avait beau lui représenter son Trône actuel comme une citadelle démunie de bastions, de retranchemens, de travaux avancés, et de places de première, de seconde ligne : On avait beau lui dire que cette citadelle, démantelée et sans avant - postes, serait obligée de se rendre, aux premiers coups de canon : Il a persévéré dans son inconcevable système de pouvoir unique, de pouvoir non-contrarié, de pouvoir indépendant : Et comme Louis XVI, il s'est trouvé tout à coup réduit à ses propres forces, qui n'étaient qu'une puissance morale et d'opinion.

S'il avait eu la prudence de rétablir nos Par-lemens, ces Corps majestueux et formidables, investis de la haute police du Royaume, auraient fait, à l'instant même, les grandes fonctions de la Royauté, momentanément jetée hors de sa base. Si (chose possible) un Parlement avait flé-chi sous la multitude, un autre Parlement aurait fait bonne contenance : Et, comme du tems de la Ligue, le Monarque aurait Régné dans les pro-vinces, en attendant la paix de Paris. Voilà ce qu'a dit Monsieur de Bonald, par abréviation, dans son Article *Louis-XVI* (de la Biographie Universelle); voilà ce que j'ai dit, en toutes lettres, dans mes *Mémoires universels de la Reine de France*. Le Feu Roi Louis s'en indigna, comme d'un attentat à sa Couronne : Et voulant nous donner réponse (par signes, comme les Muéts), il fit accrocher sur les lambris de la galerie de Diane un Tableau *significatif*. Ce tableau, fort médiocre par bonheur, représentait Messieurs du Parlement, en robes rouges, écoutant, d'un air soumis, le Roi Louis XVI, qui, pour des *Doléances* ou des *Remontrances*, les gourmandait sévèrement.

Louis XVIII aurait mieux fait de commander à M. Gérard un grand tableau, représentant son Frère, à la Barre de l'Assemblée Nationale, interrogé, outragé, jugé, condamné à mort comme un vil criminel. Voilà le tableau significatif qu'il fallait déployer dans la belle galerie de Diane, et non l'acte de jalousie d'un prince maladroit, qui organisa lui-même sa dégradation et son supplice, en désarmant ses plus généreux défenseurs et soutiens.

Madame la Dauphine, par sympathie filiale, n'a pu comprendre encore ces grandes vérités : Et tandis que je déplore ici la rigueur de ses desti-

nées, elle déteste encore, j'en suis sûr, les pages
où ma plume sincère a osé dire que les Parlemens
n'en voulaient qu'au déprédateur Calonne, et
qu'ils aimaient et respectaient leur Roi, malgré
ses erreurs.

Vous savez, Monsieur le Marquis, avec toute
l'Europe, que le Roi Charles, forcé de gagner le
rivage (mais à petites journées, pour le décorum),
demanda l'hospitalité au jeune duc de Noailles,
époux de Mademoiselle de Mortemart.

Vû la conduite de son beau-frère, la position
du Duc s'est trouvée, pour le moment, assez embarrassante. Mais ne pouvant oublier que toute
sa fortune actuelle lui vient de Louis XIV, il a
reçu, du mieux qu'il lui a été possible, le malheureux Roi Charles, dans son vénérable château
de Maintenon, et il lui a donné *l'appartement*
même *de Louis XIV*, qui est encore, à peu de
chose près, ce qu'il était du tems du grand Roi.

L'appartement de Madame de Maintenon
est devenu celui de la Dauphine. Le Roi Charles
s'y est transporté, pour y voir le grand portrait
de Françoise d'Aubigné, que l'on y montre
comme tel, ce qui est un mensonge historique;
dont M. de Noailles est bien-informé, et depuis
long-tems.

Ce contre-sens me fait de la peine : Car c'est

Mme de Maintenon, et non le duc de Noailles, qui a reçu les derniers Enfans de Louis XIV, dans son antique château. Si, au lieu de *la sainte Françoise de Mignard* (figure Romaine), on eût replacé dans cette chambre, simple et auguste, le vrai portrait de Mme de Maintenon, le Roi Charles aurait vu une figure élégante, douce, modeste; au teint de neige et de roses; aux yeux mélancoliques, spirituels et bienveillans : Enfin l'image parfaite du bon et du beau; l'expression du génie et de la raison tout-ensemble; la ravissante figure de cette femme, unique en son sexe, qui aima son Roi, par reconnaissance; accepta sa main, pour autoriser son amour; refusa les grandeurs, pour lui laisser sa gloire, et ne lui causa d'autre dépense que la fondation de Saint-Cyr, Maison utile à la Noblesse, utile elle-même aux grands Rois.

Mon pauvre Monsieur de La Tour, je m'en vais vous apprendre une bien tragique nouvelle. Le prince de Condé, cet illustre défenseur du Trône de France, retiré, par modestie, dans son château de Saint-Leu, bien-inférieur à Ecouen, a été assassiné, hier, au milieu des ténèbres de la nuit, en son alcôve solitaire. Et lorsque, après avoir rompu la porte, ses officiers ont pu entrer dans son appartement, ils l'ont trouvé, non *pendu,* mais simplement *accroché* d'un mouchoir, à l'espagnolette de sa croisée.

Les journaux vous diront qu'il s'est suicidé. N'en croyez pas un mot : 1°, parce qu'il n'avait aucun motif pour se détruire ; 2°, parce qu'il était privé, depuis quatre ou cinq ans, de l'usage de l'un de ses bras ; 3°, parce qu'au lieu d'être noir et le visage gonflé, comme ces sortes de gens, il avait la face pâle, les yeux fermés, la langue à sa place, et que le mouchoir suspenseur ne l'étreignait pas ; 4°, parce qu'il portait, de ses deux pieds, sur le tapis ; 5°, parce qu'on a remarqué sur lui des écorchures et des contusions, signes évidens d'une violence résistée ; 6°, parce que son lit a été vu refait, mais refait pour la forme seulement, et par une main étrangère aux habitudes ; 7°, parce qu'on a trouvé les traces de papiers récemment brûlés, ce qui supposerait un second Testament et de nouvelles dispositions, anéanties après le meurtre.

Pleurez, Monsieur, pleurez un grand prince, qui ne fit jamais de mal à personne, et qui ne découvrait pas un malheureux, sans l'envoyer assister. Le tems révélera les meurtriers. Quant à moi, je crois que je ferai une bonne action en éclairant l'opinion publique sur un attentat qui menace chacun de nous, dans son intérieur. A qui persuadera-t-on qu'un prince, opulent encore, malgré les ravages de la confiscation, s'est fait mourir d'une mort violente et honteuse, parce que son Héritier est devenu Roi !

S'il l'a aimé et distingué jusqu'à lui destiner ses grands biens, il n'a pas dû voir avec douleur et désespoir cette nouvelle faveur de la Fortune.

Non : La Mort violente du duc de Bourbon (père du duc d'Enghien), se rattache à quelqu'odieux complot ou de révolution ou d'argent, que la nuit couvre de son mystère. Et, s'il est vrai, comme on me l'assure en ce moment, que le prince allait partir *incognito*, pour recouvrer son indépendance, il est plus qu'évident que son noble caractère ne visait pas à la célébrité d'un Pendu.

Vous me parlez avec douleur d'une Brochure qui a pénétré jusqu'à Londres. Ici, Monsieur, les Ecrits de ce genre fourmillent, depuis un mois : et *la Littérature* de Paris n'est autre chose. Des libelles orduriers paraissent, contre l'ancien Monarque et les princesses. On les y accuse de débordemens horribles. Mais l'excès même de ces poisons leur sert d'antidote : et ces livres-là ne signifient autre chose, sinon que le Roi de France est tombé.

Quandiù eris felix, multos numérabis amicos :
Tempora si fuerint nubila, solus eris.

Les outrages et les caricatures sont, aujourd'hui, prodigués au Roi Charles : Pour peu que son Successeur déconvienne à nos mécontens, on les lui prodiguera. Ainsi va le monde. Adieu, cher Monsieur : Je me dis tout à vous.

LETTRE VINGT-SEPTIÈME.

A miss Elisabeth Harrington, à Londres.

Paris, 1er octobre 1830.

Je reconnais bien votre bon cœur, ma chère Miss, dans la lettre simple et touchante que vous venez de m'écrire. Votre voyage à Edimbourg est digne de tous les actes méritoires dont se compose votre vie : Faible et naguère convalescente, vous vous êtes transportée en Ecosse, afin d'y voir, par vous-même, une célèbre infortune : et avec l'intention de recommander à deux Magistrats vos amis, « la Fille d'une grande « Reine, qui vous caressa, jadis, à Versailles, et « vous donna des Bonbons parfumés, en vous « parlant Anglais. »

Le Roi Charles vous a paru souffrant et abattu. Mme la Dauphine vous a paru plus souffrante encore, et tombée dans une excessive maigreur. Une catastrophe si soudaine, une disgrâce, une chûte si terrible ont dû nécessairement bouleverser tout son être. Et l'aspect général de l'Europe, en 1830, n'est pas, à beaucoup près, aussi rassurant qu'il l'était, en 1815, époque où vos yeux revirent cette princesse, pour la première fois. Toutes les personnes honnêtes et impartiales déplorent, ici, le malheur de Marie-Thérèse de France, privée, peut-être pour toujours, des Amis que son cœur affectionnait, et du ciel qui la vit naître. Je compâtis vivement, moi-même, à son affliction, quoique, en ma qualité d'Historien, je sois réduit à blâmer, en mes Ecrits, sa politique intempestive.

Les libelles où on ose attaquer sa vie privée nous font horreur. Et je déclare, en tous lieux, malgré les tems, qu'outrager la Dauphine, c'est outrager la Bienfaisance et la Vertu elles-mêmes.

Marie-Thérèse, ici, donnait immensément; et son Chantier particulier des *Armes de France,* fournissait du bois, tous les hivers, à plus de quinze cents ménages de Paris. En souvenir du glorieux martyre des Gardes-du-Corps, immolés, le 6 octobre 1789, pour la défense de sa Mère, cette princesse affectionnait Messieurs les Gardes. Et ceux d'entre eux que ne favorisait point la Fortune, pouvaient compter sur son appui.

Mme la Dauphine a de très-bonnes qualités en son cœur. Elle pouvait faire un bien immense à sa Famille, ainsi qu'à l'Etat, si elle eût su envisager les choses de la Religion, comme la haute politique l'ordonne. Au lieu de prendre le Sanctuaire sous sa direction immédiate et pour ainsi dire exclusive, elle aurait dû charger de ce soin un homme habile, prélat ou séculier : Par ce moyen, la princesse ne serait pas devenue l'objet de mille plaintes, qu'il était essentiel d'éviter, et le point de mire de tous les intrigans, à qui l'hypocrisie fut, de tout tems, chose familière. Paris fut et sera toujours la ville des incroyances et des esprits-forts : En présence d'une telle Galerie, il fallait ne pas exposer la Religion aux sarcasmes, aux résistances, aux blasphêmes, des sectes et de l'esprit de parti.

Les libéralités des princes à leurs sujets sont des largesses du Père ou de la Mère à ses enfans : Il ne fallait pas assujétir les malheureux sollici-teurs aux *Apostilles de la paroisse;* car tous les pasteurs ne sont pas également miséricordieux, également affables, également évangéliques et impartiaux.

De cette loi inexorable de l'*Apostille reli-gieuse,* il résultait que les seuls dévots (ou soi-disant tels) avaient part aux bontés des princes. Dès-lors, toutes les plaintes imaginables : et les plus vifs ressentimens contre Eux, et contre le Clergé.

Que de mal n'a point fait à la Famille Royale cette Châsse, de soixante mille francs, où l'on promena le bon Saint-Vincent-de-Paule! Et combien le clergé de Paris fut impolitique, avec cette apothéose hors de saison! On sortait d'un hiver rigoureux, meurtrier, terrible : Des familles y étaient mortes de froid, dans leurs mansardes. Le peuple, excité par les malveillans, s'imagina que la Cour donnait tout aux prêtres, et ne faisait rien pour les malheureux. Elle leur avait donné, cependant, des sommes immenses. Mais Elle n'avait mis à ces grands bienfaits ni faste, ni brillant, ni charlatanerie : Et, pour quinze ou seize mille francs de soupes en plein-air et de potages populaires, *le petit Manteau-bleu* se faisait adorer, sur les quais de Paris.

Mme la Dauphine aurait dû améliorer le sort des pauvres prêtres des campagnes, et, par des moyens habiles, ramener dans le Sanctuaire les jeunes-gens bien élevés. Elle aurait, ainsi, utilisé pour l'Etat, et pour le Roi, une grande Institution semi-politique. Mais elle devait modérer en son âme son goût particulier pour les Cérémonies extérieures du Culte : Dans ce Paris, surtout, que les journalistes (famille indévote) tournent et retournent à leur gré, du matin au soir.

Que le Roi de France, *Roi très-chrétien*, assistât, une fois l'An, à la procession de la Fête-Dieu : l'usage en est immémorial : un prince accorde toujours quelque chose à l'usage. Mais il ne devait assister aux autres processions que par Délégué. Il est des prééminences d'Etat, qu'il faut garder sacrées. Les Rois sont les Dieux de ce bas monde : et comme l'antique Dieu du ciel, qu'ils représentent, ils doivent se montrer rarement.

Somme-tout, ma chère Miss, il est de rigueur, même pour un Souverain, de se conformer aux Epoques : Et l'Epoque actuelle ne raffole pas des Rois dévots. Ne vous imaginez pas, malgré tout ce qu'on en dit, que ce fût là, même en ses derniers ans, le caractère de Louis XIV. Il honorait la Religion dans ses dogmes, dans sa morale, dans ses ministres. Il appréciait à sa noble valeur cette arme-spirituelle, si utile à son légitime Gouvernement : Quant aux *dévots de profession*, il ne les estima de sa vie. Et le malin Duclos nous raconte, dans ses Mémoires, que venant surprendre le duc de Bourgogne, au moment d'un Salut, il l'entraîna au salon du Conseil, avec un sourire.

Ce fait, puissamment historique, est de 1713 ou 14 : Et c'est, en 1715, que le grand Louis XIV mourut.

Adieu, Mademoiselle. Je vous renouvelle mes sincères remercîmens : Et je me dis, toujours, le plus respectueux et dévoué de vos Serviteurs, en France.

P. S. Je reçois, à l'instant votre billet. Je suis on ne peut plus sensible à ce que vous me mandez d'obligeant, par-rapport à mon ÉCRIT sur la Mort du pauvre prince de Condé.

Vous pouvez dire en tous lieux, avec assurance, que mes instructions et renseignemens viennent de bonne source : l'Information Criminelle, que la Famille invoque, le fera bien voir.

Oui, Mademoiselle, le malheureux duc d'Enghien laissa deux petites Filles, de son mariage *secret* avec la princesse Charlotte de ROHAN sa Cousine. Elles sont fort bien, l'une et l'autre. La princesse leur Mère les a envoyées en Angleterre, au moment des derniers troubles : Il vous sera aisé de les voir.

Au reste, Mme de Feuchères a chargé un Homme de Loi de me prévenir qu'elle venait de porter PLAINTE contre moi, *en calomnie et diffamation,* à cause de mon *Appel à l'opinion publique.*

Si cette *plainte* existe véritablement, il faudra bien qu'on me la signifie. En tout cas, j'ai dit vérité. Je l'ai dite, *sur le fond des choses;* et ne me suis permis ni méchantes allusions, ni personnalités : J'en suis l'ennemi.

Cette dame Aglaïse a soin de répandre que MM. les princes de Rohan *m'ont payé,* pour composer cet Ecrit. Elle est, à cet égard, dans une étrange erreur, et prouve, par-là, qu'elle ne me connaît guère ! Ces Messieurs peuvent avoir été bien-aises qu'une plume exercée, qu'un Historien déjà connu dans ce genre, eût pris, avec quelque danger, LA DÉFENSE D'UN MORT ILLUSTRE : Mais ils n'ont ni influencé, ni récompensé mon ouvrage. Ils l'auraient voulu faire, que ma juste indépendance ne l'aurait pas souffert : Et vous n'en doutez pas, ma chère Miss.

Adieu, encore.

Je compte publier incessamment mes CARACTÈRES ET PORTRAITS. On allait les imprimer, quand nos troubles éclatèrent.... pour mettre la Librairie aux abois.

FIN.

IMPRIMERIE DE G.-A. DENTU, RUE D'ERFURTH, N° 1 *bis.*

www.ingramcontent.com/pod-product-compliance
Lightning Source LLC
Chambersburg PA
CBHW051532050726
47595CB00002B/461